CATALOGUE

D'UNE NOMBREUSE COLLECTION

D'ESTAMPES ANCIENNES

ET

DE L'ÉCOLE FRANÇAISE DU XVIIIᵉ SIÈCLE

EN NOIR ET EN COULEUR

PORTRAITS

POUR ILLUSTRATIONS DE LIVRES ET AUTRES

DESSINS

PAR MOREAU, COCHIN, MARILLIER, DESENNE,
SWEBACH-DESFONTAINES, ETC.

DONT LA VENTE AUX ENCHÈRES PUBLIQUES AURA LIEU

HOTEL DES COMMISSAIRES-PRISEURS, RUE DROUOT, Nº 9

SALLE Nº 4

Du Lundi 21 au Samedi 26 Mai 1883

A UNE HEURE

Par le ministère de Mᵉ **MAURICE DELESTRE**, Commissaire-Priseur,
27, rue Drouot, 27;

Assisté de **M. CLEMENT**, Marchand d'Estampes de la Bibliothèque Nationale,
rue des Saints-Pères, 3.

PARIS — 1883

CONDITIONS DE LA VENTE

Elle sera faite au comptant.

Les adjudicataires payeront *cinq pour cent* en sus des enchères.

ORDRE DES VACATIONS

Lundi 21 mai 1883	N°s 109 à 431
Mardi 22 — —	N°s 432 à 751
Mercredi 23 — —	N°s 752 à 1075
Jeudi 24 — —	N°s 1076 à 1395
Vendredi 25 — —	N°s 1396 à 1522
— — — — Dessins...........	N°s 1 à 108
Samedi 26 — — Ornements et livres.	N°s 1523 à la fin.

DÉSIGNATION

DESSINS

AKEN (Jean Van)

1 — Paysage.

A la plume et lavis d'encre de Chine.

ANONYME

2 — Bataille commandée par le grand Frédéric.

Au lavis d'encre de Chine.

AUBRY

— Exécution d'un chevalier. Dessin in-8 pour un roman.

Au lavis de bistre, rehaussé de blanc.

BAZIN

— Paysage et sujets militaires.

Sept dessins sur une même feuille. Aquarelles.

BERGHEM (N.)

5 — Le Maréchal ferrant.

Au crayon noir.

BOUCHARDON (E.)

— Les Cris de Paris.

Vingt et un dessins à la sanguine, contre-épreuves.

BOUCHARDON

7 — Humanitas. 1758.

Dessin de forme ronde, à la sanguine.

BOUCHER (F.)

8 — Les Lessiveuses.

Charmant dessin à la plume et lavis de bistre, rehaussé de blanc. Signé et daté de 1761.

CAZAL

9 — Ruines, avec figures.

Dessin au crayon noir pour un *Voyage en Dalmatie*.

CHAILLIOU

10 — Quatre dessins pour illustrer un roman galant intitulé : *Élisa, ou Mémoires de la famille Elderland*, 1799. 4 vol. in-18.

A la plume et lavis d'encre de Chine. Ont été gravés.

CHASSELAT

11 — Un dessin in-8 pour les *Contes à mes petites amies*, par Bouilly.

Au lavis de bistre.

CHEVAUX

12 — Sommeil d'Endymion.

Au lavis d'encre de Chine.

COCHIN (Ch.-N.)

13 — Le Bon génie, le Mauvais génie, pour l'*Almanach iconologique* de Gravelot et Cochin, 1777.

Beau dessin à la sanguine, signé et daté de 1776.

14 — La Métaphysique, pour l'*Almanach iconologique* de Gravelot et Cochin, 1773.

A la plume et lavis d'encre de Chine et de bistre.

15 — Portrait d'homme.

A la mine de plomb.

DAUMIER (H.)

16 — Le Fumeur.

Aquarelle.

DEMACHY

— Monuments en ruines, avec figures et animaux.

Au lavis d'encre de Chine.

DESENNE (A.)

— Quatre dessins pour oraisons funèbres : Mort du duc de Berry, — Oraison funèbre de la duchesse d'Orléans, etc.

Au lavis de bistre, rehaussés de blanc.

2 — — Caïn et Abel offrant des présents au Seigneur. In-8.

A la plume et sépia, signé. A été gravé.

— Un Chartreux, devant une tombe, baisse la tête en voyant une femme qui passe devant lui. Pour les *Lettres d'un Chartreux*, Paris, Mongie, 1820.

A la sépia, rehaussé de blanc. A été gravé.

— Oui, vous disiez bien vrai, nous sommes des fripons.

Dessin in-8, ayant été gravé pour illustrer les *Œuvres d'Andrieux*. Paris, Neveu, 1818. A l'encre de Chine et aquarelle.

3 — Composition in-8 pour *Jean sans Terre*, tragédie de Ducis.

Au lavis de bistre, rehaussé de blanc.

— *Dix dessins*, sujets de formes rondes, entourés d'attributs ou figures allégoriques.

Ces dessins, qui sont de la plus remarquable finesse, ont été faits pour illustrer *l'Ermite en Espagne*, de Jouy. A la sépia, rehaussés de blanc.

— La Mort d'Hercule.

Au lavis de sépia, rehaussé de blanc.

— Fleurons, Amours ou figures allégoriques.

Treize dessins à la sépia.

DESENNE (A.)

26 — Compositions pour calendrier.

Cinq dessins au lavis de bistre.

27 — Quatre petits sujets pour fleurons de titres, pour illustrer : le *Comte de Comminge*, — le *Petit Jehan de Saintré*, — *Ernestine*, etc.

Au lavis de sépia, rehaussés de blanc.

DESFRICHES

28 — Paysages.

Deux dessins faisant pendants. Au crayon noir et encre de Chine.

29 — Bords d'une rivière.

Beau dessin au crayon noir et encre de Chine. Signé et daté de 1770.

DESRAIS (C.-L.)

30 — Suite complète de huit dessins pour *Amours de Choerée et de Callirhoé*, traduit du grec de Chareton, par Follet, 1775.

Très beaux dessins au crayon noir et mine de plomb, de format in-4.

DIVERS

31 — Sous ce numéro, il sera vendu un fort lot de dessins anciens de l'école française du XVIIIe siècle et dessins d'ornement.

ÉCOLE FRANÇAISE DU XVIIe SIÈCLE

32 — Portrait de Mgr l'évêque d'Albi, de la maison de Ludé, — Érasme de Rotterdam,

Deux dessins aux trois crayons.

33 — Avant la Bataille, — Pendant la Bataille.

Deux très beaux dessins faisant pendants, exécutés à la plume et lavis d'encre de Chine et de bistre.

34 — Triomphe de Bacchus.

Beau dessin à la plume et lavis d'encre de Chine.

ÉCOLE FRANÇAISE DU XVIIIᵉ SIÈCLE

35 — Dessins in-8 pour illustrations de romans anglais, — Tête de jeune fille par Greuze.

Cinq dessins au lavis d'encre de Chine et de bistre.

36 — Le Rendez-vous, — L'Enlèvement.

Deux dessins au crayon noir et encre de Chine.

ELLOIRAB (1806)

37 — Paysage d'une vaste étendue.

Aquarelle.

ESCHARD (C.)

38 — Gueux ou Mendiants.

Trois dessins à la plume et crayon noir.

GARNERAY

39 — Vue d'une cathédrale.

Aquarelle.

GHEZZI

40 — Costumes et scènes de mœurs.

Vingt-deux dessins à la plume.

GIRAUDEAU (Anaïs)

41 — La Madeleine couchée, d'après le Corrège.

Au fusain.

GRANDVILLE (J.-J.)

42 — Une Danseuse.

Au crayon noir.

43 — Promenade aux champs.

A la plume et lavis d'encre de Chine.

44 — Oiseau au bord d'une rivière.

Aquarelle.

45 — Une Fontaine avec animaux chimériques.

Aquarelle.

GRAVELOT (Hubert)

46 — Dessins pour l'*Iconologie par figures, ou Traité complet des allégories, emblèmes,* etc.

> Vingt et un dessins, représentant : la Liberté, la Chirurgie, la Raison, la Vérité, l'Écriture, la Sagesss, l'Art militaire, la Foi, la Religion, la Sculpture, la Peinture, l'Espérance, la Loi, la Navigation, la Justice, la Force, l'Architectûre, la Poésie, la Prudence, l'Éloquence, l'Agriculture. Fins et spirituels dessins, exécutés à la plume et lavis de sépia. Collections Maherault.
> Haut. de chaque dessin, 10 cent.; larg., 6 cent.

47 — *Scènes d'intérieur.* Deux jeunes femmes debout; devant elles un jeune homme à genoux.

> A la plume et sépia.

48 — Sujets historiques et religieux.

> Trois dessins à la plume et lavis de bistre.

GREUZE (J.-B.)

49 — Jeune paysanne debout, — Étude d'une tête d'homme et d'une tête de jeune fille.

> Deux dessins au crayon noir et sanguine.

HUET (J.-B.)

50 — Nymphes au bain, — Le Berger entreprenant.

> Deux dessins faisant pendants, à la plume et lavis de bistre, rehaussés de blanc. Signés et datés de 1787.

51 — Berger endormi, — Moutons et chèvres.

> Trois dessins à la plume et lavis de bistre, rehaussés de blanc. Signés.

52 — Leçon d'équitation.

> Au crayon noir.

53 — Troupeau de moutons au repos.

> Au lavis de bistre, rehaussé de blanc. Signé et daté.

54 — Cartouches ornementés.

> Quatre dessins à la plume et lavis d'encre de Chine, signés et datés de 1778 et 1779.

JENNISSON (LA COMTESSE DE)

55 — Deux dessins in-8 pour illustrer *Herman D'Uno, ou Aventures arrivées au commencement du* XVI*e siècle au temps du tribunal secret*, 1801.

A l'aquarelle et lavis d'encre de Chine.

KAUFFMANN (ANGELICA)

56 — Marc-Antoine quittant Cléopâtre.

A la plume et lavis de bistre, rehaussé de blanc.

KOBELL

57 — Paysage.

A la plume et lavis d'encre de Chine et sépia.

LAGRENÉE (LE JEUNE)

58 — Enlèvement d'Europe.

Dessin capital au lavis d'aquarelle.

59 — Jupiter et Calisto.

Beau dessin au lavis d'aquarelle.

LE LUE

60 — Nymphes au bain.

A la plume et lavis d'encre de Chine. Signé et daté de 1767.

LORENTZ

61 — Sujets divers.

Quatre dessins à l'aquarelle.

LORRAIN (CLAUDE)

62 — Bouquet d'arbres.

A la plume et au bistre.

MARILLIER (C.-P.)

63 — Suite de six dessins in-8 pour illustration d'un roman du XVIII*e siècle.

Très précieux dessins au lavis d'encre de Chine. En haut de chaque dessin on lit les titres suivants : *les Amants heureux; Faveurs et disgrâces de l'Amour; les Amants trompez.*

MARILLIER (C.-P.)

64 — Les Victimes de l'Amour, par Dorat. Dessin in-8 pour l'édition publiée par Delalain, 1776.

A la plume et lavis de bistre. Signé et daté de 1775.

MARTINI

65 — Composition de trois figures pour illustrer les *Nouvelles françaises* de d'Ussieux, 1778.

Beau dessin à la plume et lavis de bistre, rehaussé de blanc. A été gravé par Gaucher.

MASSELLI

66 — Scènes de mœurs.

Cinquante-cinq dessins à l'encre rouge.

MONNET (Ch.)

67 — Cyrus donne la liberté aux Juifs, — Romulus fonde la ville de Rome, — Vocation d'Abraham, — Salomon recevant la reine de Saba, — La Fille de Jephté allant au devant de son père, etc.

Neuf dessins aux lavis d'encre de Chine. Signés.

MONNIER (Henri)

68 — Le Peintre.

Au lavis de bistre.

MOREAU (le jeune, J.-M.)

69 — Suite de neuf dessins pour les *Incas, ou la Destruction du Pérou*, par Marmontel. Paris, Lacombe, 1777.

Très beaux dessins à l'encre de Chine et sépia. Signés et datés 1770 et 1776.

70 — Allégorie.

A la plume et lavis d'encre de Chine.

71 — Scène de comédie.

A la plume et lavis de bistre.

MOURICAULT

31 — Le Lever.

Dessin de forme ovale, au lavis de bistre.

20 — Le Sommeil de l'oncle.

Dessin de forme ovale, au lavis de bistre.

NAPOLÉON Ier

21 — Croquis de l'explosion du bastion de la porte de Corinthie, pour commande d'un tableau au peintre Zix.

Curieux dessin à la plume. En haut, à droite, on lit : « Je, soussignée, épouse de M. B. Zix, artiste peintre, certifie que ce dessin croquis à la plume a été envoyé à mon mari, en Autriche, l'an 1809, tel qu'il est, par l'empereur Napoléon, avec l'ordre de lui faire un tableau d'après ce dessin, que j'ai vendu en 1814 à M. Remoissenet fils, marchand de gravures et dessins. A Paris, le 20 février 1816. M. L., veuve Zix ». Et plus bas : « Je déclare que ce qui est certifié par Mme Zix est véritable. A Paris, ce 20 février 1816. Remoissenet fils, marchand de gravures. »

NICOLLE

11 — Vue de Rome, avec colonne au milieu.

Aquarelle. 79

10 — Arc de Nerva et Trajan.

Aquarelle. 39

10 — Intérieur d'une église.

Aquarelle. 34

10 — Entrée d'un monastère.

Aquarelle. 39

NORBLIN

39 — Foire de Campagne.

A la plume et lavis d'encre de Chine. Daté de 1796.

ORNEMENT (dessin d')

80 — Vases, — Trophées, — Aiguières, etc. Trente-trois dessins au lavis d'encre de Chine et de bistre.

OSTADE (A. Van)

— Fumeurs et Buveurs au cabaret. Composition de buit figures.

Beau dessin à la plume et lavis d'encre de Chine, signé du monogramme du maître.

OZANNE

Vue de l'intérieur du port de Brest, prise du côté des Corderies, en 1764.

Au lavis d'encre de Chine.

Vue de l'intérieur du port de Brest, prise devant le Château, en 1764.

Au lavis d'encre de Chine.

PALMERIUS

— Les Chevaux de charrue, — Le Retour des champs.

Deux beaux dessins à la plume et lavis de bistre. Signés.

PERNET

— Entrée d'un palais.

Aquarelle.

PILLEMENT

— Paysages.

Deux dessins faisant pendants, au crayon noir. Signés.

POUSSIN (N.)

— Quatre Nymphes dansant.

A la sanguine.

SAINT-AUBIN (G. de)

— Personnages de la comédie italienne. Au verso, deux statues et trois têtes de jeunes filles.

Au crayon noir, rehaussé de blanc.

SCHOUMAN (M.)

— Marines.

Deux dessins faisant pendants, au lavis d'encre de Chine, rehaussés de blanc. Signés.

SWEBACH

— Général donnant ses ordres sur un champ de bataille (costumes Louis XIV).

Deux compositions différentes faisant pendants, exécutées à l'aquarelle. Signées.

— Calèche attelée de six chevaux.

Dessin en forme de frise à l'aquarelle. Signé. En bas, on lit : *Je demande pour exécuter ces figures* 500 *livres. Swebach.*

— Le Départ des militaires.

Au lavis d'encre de Chine et aquarelle.

TIEPOLO (D.)

— Études pour un saint Paul.

Quatre dessins au lavis d'encre de Chine.

— Un Satyre et un Centaure, — Hercule enlevant une Nymphe, — Paons dans un chemin creux.

Trois dessins à la plume et lavis d'encre de Chine.

VAN BLOM

— Foire de campagne.

Beau dessin à la plume et lavis d'encre de Chine. Signé.

VERBŒCKHOVEN

— Études d'animaux.

Cinq dessins à la mine de plomb.

VERNET (Joseph)

— Le Coup de vent.

A la plume et lavis de bistre. Signé.

— Paysage; sur le devant, une bergère endormie surprise ar son amant.

plume et lavis d'encre de Chine et de bistre. Signé.

VERNET (CARLE)

99 — Train d'artillerie en marche.

Beau dessin à l'aquarelle. Signé au bas de la droite.

WATTIER (ÉMILE)

100 — Scarron et Mlle d'Aubigné.

Au crayon noir et sépia.

WILLE (P.-A.)

101 — Le Dîner de famille. Composition de six figures.

Très beau dessin à la plume et lavis d'encre de Chine. Signé et daté 1811.

ZIX (B.)

102 — Traîneur de l'armée, — Vivandière de l'armée, — Artiste dans son atelier, etc.

Quatre dessins à la plume et aquarelle ou lavis de bistre.

ZIEGLER (J.)

103 — Vue d'Orient.

Aquarelle.

104 — RECUEIL de dessins par H. Monnier, Colin, Joly, Grenier, Leprince, Bouton, etc. 40 dessins en 1 vol in-4 oblong, cartonné.

105 — Recueil de dessins, croquis de costumes des xve, xvie, xviie, xviiie et xixe siècles. 1 vol. in-fol., cart.

106 — Un Album, recueil de dessins, caricatures, costumes, sujets de mœurs, etc., de 1830 à 1870. Trois cent soixante-sept dessins.

A la plume et aquarelle.

107 — Sous ce numéro, il sera vendu par lots un portefeuille de dessins anciens de toutes les écoles.

108 — Sous ce numéro, il sera vendu par lots environ cinq cents dessins de l'école française du xviiie siècle, dont beaucoup qui ont été gravés pour l'illustration des livres.

PORTRAITS

109 — **Adam** (P.) — Personnages célèbres de l'empire et de la restauration, représentés en pied., d'après le baron Gerard, gravés à l'eau forte. Trente-six pièces. Epreuves sur Chine.

110 — **Alix**. — *Custine* (Adam-Philippe), général de l'armée du Rhin, in-4, en couleur. Très belle épreuve.

111 — *Louis XVIII*[e] roi de France et de Navarre, d'après Pasquier, in-fol. en couleur. Très belle épreuve, marge.

112 — Voltaire. — Mme de Sévigné. — Pie VII, souverain Pontife. Trois portraits in-fol. en couleur. Belles épreuves.

113 — **Anderloni** (P.) — *Canova* (Antonio), d'après Bossi, in-4°.

114 — **Anonymes**. — Le général Charette, in-fol. Epreuve avant la lettre.

115 — *Marie-Louise*, impératrice, in-8. de forme ronde. Epreuve avant toutes lettres.

116 — *Marivaux*, in-8, avant toutes lettres, marge.

117 — *Meung* (Jean de), in 8, avant toutes lettres.

118 — *Mirabeau*, in-8, de forme ronde, en couleur. Très belle épreuve.

119 — *Mirabeau*, — *Petion de Villeneuve*, — *Le Chapellier*, — D. Dillon. Quatre portraits in-8° de députés à l'Assemblée nationale, gravées à l'aquatinte. Très belles épreuves ; rares.

120 — *Olisva* (Mlle Le Guet d'Esigny d'), in-8., en bistre. Très belle épreuve. Rare.

121 — *Retif* (Madame), Barbe Ferlet, âgée de 17 ans, in-18. Epreuve avant toutes lettres.

122 — *Rousseau* (J.-B.). Deux portraits différents, in-8. Très belles épreuves avant toutes lettres. Marges.

123 — **Ardell** (J -M.). — *Nivernois* (Louis-Jules Barbon, Mazarini, Mancini, duc de), d'après Ramsay, in-fol. Très belle épreuve.

124 — **Audran** (B.). — *Bignon* (Jean-Paul), d'après Vivien, in-fol. Belle épreuve.

125 — Henri II et Catherine de Médicis, en regard l'un de l'autre dans un rinceau d'ornements, d'après Oppenord.

126 — **Balechou** (J.-J.). — *Coypel* (Ch.), d'après lui-même, in-fol. Belle épreuve.

127 — *Crebillon* (Prosper-Jolyot de), d'après Aved, in-4. Très belle épreuve. Marge.

128 — **Barbié.** — *Estaing* (Charles-Henri, comte d'), in-8. Très belle épreuve, marge.

129 — *Washington* (le général), d'après N. Piehle, in-4. Très belle épreuve, marge.

130 — **Bartolozzi** (F.). — *Bunbury* (Henry), in-fol. Epreuve avant toutes lettres, non entiérement terminée.

131 — **Beauvarlet** (J.-F.). — *Galitzin* (Catherine, prin-cesse), d'après Lefèvre, in-fol. Très belle épreuve, grande marge.

132 — **Benoist** (G.). — *Clairon* (Hippolyte de la Tude), in-4. Belle épreuve.

133 — **Benoist, Chatelin et Levesque.** — Rameau, — de Moncrif, — Clairaut, — Mᵐᵉ de Grafigny, — l'abbé Prévost. Cinq portraits in-4. Belles épreuves.

134 — **Berger** (D.). — *Gessner* (Salomon), in-8. A l'eau-forte d'après Graff.

135 — **Berger et Leonetti.** — *Aretin* (Pierre), d'après Titien, — *Penny* (Gianfrancesco), d'après Raphaël. Deux portraits in-fol. Belles épreuves.

136 — **Bernaerts** (B). — *Louis*, Dauphin de France, en-tête de Page de l'Ovide de Banier. Très belle épreuve. Tirage hors texte.

137 — **Bertonnier**. — *Fléchier*. — *Chapelle et Bachaumont*. — *Vertot*. — Bourdaloue, etc. Cinq portraits in-8. Trois sont avant la lettre.

138 — **Bertonnier, Dequevauviller et autres.** — Portraits de personnages célébres publiés pour les Oraisons funèbres de Bossuet, Fléchier, Bourdaloue, etc. 46 portraits in-8, dont beaucoup avant la lettre ou à l'eau-forte.

139 — **Blanchard**. — *Elisabeth de Bourbon*, d'après Rubens in-fol. Très belle épreuve avant la lettre.

140 — **Bligny** (chez). — *Du Barry* (madame la comtesse), in-4. Belle épreuve.

141 — *Marmontel*, de l'Académie française, in-4., avant la lettre, — Vignette en tête de page, gravée par saint Aubin d'après Cochin, avant la lettre. Deux pièces.

142 — **Blooteling** (A.). — *Charles V*, duc de Lorraine et de Bar, in-fol. en manière noire. Très belle épreuve, marge.

143 — **Blot**. — *Gery* (Guillaume de), abbé de Sainte Geneviève, in-fol. Très belle épreuve avant la lettre.

144 — **Boilly** (d'après). — *Gœthe*, gravé par C. Noël, in-8. Très belle épreuve avant la lettre, marge.

145 — **Boizot** (Marie-L.). — *Louis XVI*, trois portraits différents, in-8. et in-4. Belles épreuves.

146 — **Bonvoisin**. — *Marie-Antoinette*, in-8. Avant la lettre sur Chine.

147 — **Bouillard**. — *Provence* (la comtesse de), in-4. Très belle épreuve avant la lettre, marge.

148 — **Boulanger et autres.** — La mère Marie-Angélique Arnaud, — Jean *Soanen*, évêque de Senez, — *Du Verger de Hauranne*, — le père Michel *Le Tellier*. Quatre portraits in-4. Belles épreuves.

149 — **Bourgeois de la Richardière.** — *Elleviou*, artiste de l'Opéra-Comique, in-4. Belle épreuve, marge.

150 — **Boutelou** (L). — *Chénier* (Marie-Joseph de), d'après C. Lefébre, in-8. Très belle épreuve.

151 — **Bovi** (Marianne). — *Marie-Antoinette*, reine de France, in-12. Très belle épreuve.

152 — **Bowyer.** — La famille royale de France, — la famille Bonaparte et les principaux généraux de l'empire, représentés un buste dans des médaillons sur une même feuille in-fol. Très belle épreuve, marge.

153 — **Bréa.** — *Mirabeau*, in-fol. Buste fort comme nature, en manière noire, superbe épreuve. Très rare.

154 — **Buguet** (H.). — *Napoléon*, empereur, in-fol. en couleur. Belle épreuve, marge.

155 — **Cardon** (Ant.). — *Andreossy* (le général) d'après Guérin, in-fol. Belle épreuve, marge.

156 — **Carmontelle.** — *Bourneville* (N. Durey de), sous-lieutenant aux gardes, par Delafosse, in-fol. Très belle épreuve.

157 — *Chauvelin* (l'abbé H. Ch.), par Delafosse, in-fol. Très belle épreuve.

158 — *Fontenay* (Gasp. Fr. de), par Delafosse, in-fol. Belle épreuve.

159 — *Franklin* (Benjamin), par Née. Très belle épreuve, marge.

160 — *Grimm* (le baron), par Lecerf, in-8. Belle épreuve.

161 — *Lambert* (Ch. Guill.), par Delafosse, in-fol. Très belle épreuve.

162 — Dortous de Mairan (J.-J.), in-fol. Belle épreuve.

163 — Le président de Menières, par Delafosse. Belle épreuve, marge.

164 — *Montbarré* (M. de) et M. d'Entragues, représentés sur une même feuille, in-fol. Très belle épreuve.

165 — **Carmontelle.** — Léopold Mozart, père de Marianne Mozart, virtuose âgée de onze ans, et de J.-G. Woltgang Mozart, compositeur et maître de musique, âgé de sept ans, gravé par Delafosse. Très belle épreuve.

166 — *Trudaine de Montigny*, par Delafosse, in-fol. Epreuve avant la lettre.

167 — *Trudaine* (M. de), assis feuilletant un livre, in-fol. Très belle épreuve.

168 — *Waldner* (le comte de), par Delafosse, in-fol. Très belle épreuve.

169 — **Cars** (L.). — *Kraut* (Monsieur de), d'après Parrocel, in-fol. équestre. Très belle épreuve.

170 — **Cathelin** (L.-J.) — Louis XVI, roi de France, in-fol. Très belle épreuve.

171 — Elisabeth-Philippe- Marie-Hélène de France, sœur du Roi, d'après Ducreux, in-fol. Très belle épreuve, marge.

172 — Marie-Adelaïde-Clotilde, Xavière de France, princesse de Piémont, d'après Ducreux, in-fol. Très belle épreuve, margé.

173 — *Meusnier de Querlon*, d'après Vispré, — *Marie-Thérèse*, impératrice, d'après Ducreux. Deux portraits, in-8. Très belles épreuves.

174 — *Molière* J.-B.-P. de), d'après Mignard. Six épreuves avant la lettre.

175 — *Stanislas*, roy de Pologne, d'après Massé, in-8. Belle épreuve.

176 — Tocqué (Louis), d'après J.-M. Nattier, in-fol. Très belle épreuve.

177 — **Caylus.** — *Voltaire*, d'après Huber, in-4. Belle épreuve, marge.

178 — **Chenu** (Pierre). — *Favart* (Mᵐᵉ), actrice, d'après Garand, in-8. Très belle épreuve, marge.

179 — **Chereau.** — *Bayle*, in-fol. Superbe épreuve avant toutes lettres.

180 — **Chereau.** — *De Launay* (Nicolas); d'après Rigaud, in-fol. Très belle épreuve.

181 — *Pécour* (Louis), d'après Tournière, in-fol. Très belle épreuve.

182 — **Chevillet.** — *Buffon* (le comte de), in-fol. superbe épreuve avant toutes lettres.

183 — *Fran Klin* (B.), d'après Bounieu, in-fol. Très belle épreuve.

184 — *Livry* (Nicolas de), évêque de Callinique, abbé de Sainte-Colombe, d'après Tocqué, in-fol. Très belle épreuve avant la lettre.

185 — **Choffard** (P. P.). — *Rossel* (Auguste-Louis de), avec sa fille, d'après François, in-8. Très belle épreuve avant la lettre.

186 — *Palissot* (Charles), d'après Monnet, in-8°, superbe épreuve, grande marge.

187 — *Sartine* (Antoine-Raymond-Jean-Gualbert-Gabriel de), lieutenant-général de Police, d'après Vigée, in-fol. Belle épreuve.

188 — *Widmer* (le docteur), in 4°. Très belle épreuve avant toutes lettres.

189 — **Cochin** (Ch. N.) d'après. — Portrait de l'artiste, gravé par Aug. de Saint-Aubin. Superbe épreuve avant toutes lettres et avant beaucoup de travaux.

190 — *Amelot* (M. G.), par Pruneau, — *Le Bas* (J.-P.-H.), par Cathelin, — *Baudouin* (S.-R.), par Watelet, — *Boudat* (P.-J.), par Poilly. Quatre portraits in-4. Belles épreuves.

191 — *Bouchardon* (Ed.), — de *Boissy*, — le marquis de *Breteuil*. Trois portrais in-8 et in-4. Epreuves avant la lettre.

192 — *Chardin* (Jean-Simon), peintre du roi, par Pruneau, in-4. Superbe épreuve, toutes marges.

193 — Le Comte de *Caylus*, 2 épreuves, — Louis-René de Caradeuc de la *Chalotais*, deux portraits différents, quatre pièces. Belles épreuves.

194 — **Cochin** (d'après C. N.). — *Caradeuc de la Chalotais* (Louis-René), in-12. Epreuve avant toutes lettres.

195 — *La Condamine* (Ch. M. de), de l'Académie française, in-4, par Choffard: Quatre très belles épreuves d'états différents.

196 — *Coustou*, architecte, par Nicollet, — *Crébillon* (P. Joliot de), par Watelet, — *Descamps* (J.-B.), par Rousseau. Trois portraits in-4. Belles épreuves.

197 — *Chauvelin* (Henri-Philippe), conseiller en la grande Chambre du parlement. Deux épreuves, dont une avant la lettre.

198 — *Chicot de Clerval*, Inspecteur général du commerce, in-4. Superbe épreuve avant la lettre. Grand marge.

199 — *Descamps* (J.-B.), par J.-F. Rousseau, — *Duchange* (Gaspard), par N. Dupuis. Deux portraits in-4. Très belles épreuves, toutes marges.

200 — *Davaux* (J.-B.), in-8, par Miger. Epreuve avant la lettre.

201 — *Fontanieu* (Pierre-Elizabeth de), par S. C. Miger, in-4. Superbe épreuve avant la lettre.

202 — *Fontanieu* (Pierre-Élizabeth de), par Miger, — Le Baron de *Fages*, — *Falconnet* (Camille), par P. E. Moitte. Trois portraits in-4. Très belles épreuves, marges.

203 — *Garrick* (D.), acteur anglais, par Cochin et N. Dupuis. in-4. Belle épreuve, toutes marges.

204 — Joachim *Gras*, trésorier de France, par Cochin. Très belle épreuve, toute marge.

205 — *Hallé* (Noël), par Nicollet, — *Hume* (M. David), par S. C. Miger. Deux exemplaires de ce dernier. Trois pièces. Très belles épreuves, toutes marges.

206 — *Rigoley de Juvigny* (Jean-Antoine), par Miger, 1765. Deux très belles épreuves d'états différents.

207 — *Joannis*, capitaine de vaisseau, par Mme Lingée, in-4. Très belle épreuve avant la lettre.

208 — **Cochin** (d'après C. N.). — *La Vallière* (Louis-César de La Baume-le-Blanc, duc de), dessiné et gravé par Cochin. Trois épreuves d'états différents.

209 — *La Place* (P. de), dessiné et gravé par Cochin. Très rare épreuve avant la lettre, à l'état d'eau-forte, plus une épreuve terminée, avec la lettre. Deux pièces.

210 — *La Live de Jully* (A. L.), gravé par lui, — *Massé* (J. B.). Deux épreuves. — *Dortous de Mairan* (J.-J.), par Miger. Deux épreuves. Cinq pièces, in-4. Belles épreuves.

211 — *Marigny* (le marquis de). Petit buste au milieu de figures allégoriques, par Prevost, in-8. Belle épreuve.

212 — *Marmontel* (J.-F.) Deux portraits in-4. et in-12. Belles épreuves.

213 — *Massé* (J.-B.), peintre du roi, par Cochin, in-4. Épreuve avant toutes lettres.

214 — *Morand* (S.-F.), médecin, in-4. Épreuve avant toutes lettres.

215 — *Mondonville* (J.-J. Cassanea de), maître de musique de la chapelle du roi, par Delattre. Trois épreuves d'états différents, 1° avant la bordure et avant la lettre ; 2° aussi avant la lettre, mais avec la bordure ; 3° avec la lettre.

216 — *Moreau* (J.-M.) le jeune, gravé par Varin. Epreuve avant la lettre.

217 — *Parrocel* (C.), peintre de batailles, par C. N. Cochin et N. Dupuis, in-4. Epreuve avant toutes lettres.

218 — Le même portrait. Epreuve avec la lettre. Deux exemplaires.

219 — *Parcieux* (Antoine de), par B.-A. Nicollet, in-4. avant toutes lettres, plus une épreuve avec la lettre. Deux pièces.

220 — *Perronnet* (J.-R.), par Quenedey, in-4. Epreuve avant toutes lettres ; plus deux épreuves du même, avec la lettre. Trois pièces.

221 — *Rousseau* (J.-J.), par Gaucher. — *Roslin* (A.), peintre du roi, par Nicollet. Deux épreuves. Trois pièces.

22... — **Cochin** (d'après C. N.). — *Raynal* (G. Th.). Trois portraits différents, in-8, in-12 et in-4, dont un avant la lettre. Très belles épreuves.

22... — *Saly*, sculpteur, in-4. Epreuve avant toutes lettres.

22... — *Le Seur*, professeur de mathématiques, par Nicollet, in-4. Très rare, épreuve avant toutes lettres, plus une épreuve avec la lettre, avec toute sa marge.

22... — *Sarrau* (J.), par Watelet, — *Thomas* (Antoine-Léonard), par B. Roger, — *Turgot*, par Dupin, — Le prince de *Turenne*. Quatre portraits in-8 et in-4. Belles épreuves.

22... — *De Troy* le fils (J.-F.), directeur de l'Académie royale de peinture, par J.-F. Rousseau, in-4. Épreuves avant toutes lettres.

22... — Le même portrait. Épreuve avec la lettre. Quatre exemplaires, dont deux à toute marges.

22... — *Vernet* (Cl. Joseph), par Nicolet, *de Villeneuve* (C.-A.), comte de Vence, par Watelet, — *Watelet* (Cl. H.), d'après lui-même, par Cochin. Trois portraits in-4. Belles épreuves.

22... — Eugénie ou la Noblesse, — Portrait d'un abbé, avant la lettre, — Louis *de Boissy*, — Marmontel, etc. Cinq portraits in-8 et in-4. Belles épreuves.

23... — Portraits faisant partie de la suite intitulée : Société académique des enfants d'Apollon, gravés par Miger et Mme Lingée. Neuf portraits, dont plusieurs avant la lettre.

23... — **Colin.** — Jenny *Verpré*, — Mme Tousez, — Mlle Leverd, — Mlle Mante, — Mlle Dupuis, — Mlle Duchesnois, Armand, — Michelot. Huit portraits en pied.

232 — **Coutellier.** — *Louis Seize*, — roi des Français, in-fol. Très-belle épreuve, marge.

23... — **Croisier** (Marie-Anne). — Un bon Prince est aimé jusque dans ses enfants. Trois médaillons où sont représentés deux princes et une princesse de la famille d'Orléans, soutenus par des amours. Belle épreuve.

234 — **Dalen** (C. Van). — *Boccace*, — Sébastien del Piombo. Deux portraits in-fol., d'après Titien. Belles épreuves. *16*

235. — **Daullé** (J.) — Monseigneur le Dauphin de France, né à Versailles, le 4 septembre 1727, d'après Belle, in-fol. Très-belle épreuve, remargée.

236. — *Favart* (Mme), dans le rôle de Bastienne, d'après Vanloo, in-fol. Très belle épreuve.

237 — *La Peyronie* (F. de), célèbre chirurgien, d'après Rigaud, in-fol. Très belle épreuve.

238 — **David** (H.) — *Guise* (Achille de Lorraine, prince de), in-fol. Belle épreuve.

239 — *Diderot* (D.), in-4. Epreuve avant la lettre.

240 — **Debucourt** (P. L.) — *Louis XVIII*, d'après Isabey, in-fol. Très belle épreuve.

241. — **Déjabin** (A Paris, chez). — Portraits des députés à l'Assemblée nationale constituante de 1789. Cent quarante-quatre pièces.

242. — **Delarue**. — *Pollin* (J.-B.), in-8. Épreuve avant toutes lettres, marge.

243. — **De Launay** (R.) — *Louis XIV*, roi de France, d'après B.-L., Prevost, en-tête de page. Très rare épreuve avant la lettre.

244. — **Delignon**. — *Crebillon*, in-8. Très rare épreuve à l'état d'eau-forte, marge.

245. — **Delvaux** (R.). — Mme *Du Chatelet*. — Jeanne d'Arc. Deux portraits in-8. Très belles épreuves, marges.

246. — **Demarteau**. — *Louis-Auguste*, dauphin de France, d'après Vassé, in-4, à la sanguine. Belle épreuve.

247. — **Denon**. — Son portrait, dans un ovale, in-8. Très belle épreuve avant toutes lettres, à l'état d'eau-forte, marge.

248. — Le même portrait. Épreuve avant la lettre.

249. — **Dequevauviller**. — *Fénélon*, d'après A. Tardieu, in-8. Deux épreuves, dont une avant la lettre, sur chine.

250. — **Desnoyers** (Au. B.). — *Marie-Louise*, impératrice, d'après Gudin, in-fol. Belle épreuve.

— **Desrochers**. — Marie-Anne-Victoire, Infante d'Espagne, in-8. Très belle épreuve. Rare.

— Religieux et Religieuse de l'abbaye de Port-Royal-des-Champs. Douze pièces.

— **Devaux**. — *Préville* (Angélique Drouin, femme), d'après Simonnet, in-fol. Superbe épreuve avant toutes lettres.

— Le même portrait. Très belle épreuve, toute marge.

— **Deveria** (d'après). Guitaud, — Mme de Grignan, — Mme de Lavalière, — Mme de Maintenon, — Ninon de l'Enclos, — Ch. de Sévigné, — Mme de Sévigné, — Henri de Sévigné, — Mme de Sully, etc., etc. Vingt-sept portraits, in-8, avant la lettre et eaux-fortes, publiés pour les *Lettres* de Mme de Sévigné.

— **Dien** et **Bertonnier**. — *Ségur* (le comte de). Deux portraits différents, avant la lettre, et lettres grises.

— **Divers**. — Benjamin *Constant*, — Condé, — Collin d'Harleville, — Lord Byron, — Camoens, — Le comte de *Caylus*, — Delille, — Corneille, — Cromwell, — Crébillon fils, etc., etc. Cinquante-huit portraits, en partie avant la lettre.

— *Fénelon*, — Corneille, — *Florian*, — Ducis, — Duclos, Fléchier, — La Fontaine, — Boileau, etc., etc. Quatre-vingt-cinq portraits, en partie avant la lettre.

— Barras, — Beaumarchais. — De Belloy, — L'Arioste, — Bailly, — Balzac, — Albouy-d'Azencourt, — Barthelemy, — Béranger, — G. Edelinck, — Helvétius, — Crébillon, Corneille, — Casimir Delavigne, etc., etc. Quatre-vingt-onze portraits, en partie avant la lettre.

— Buffon, — Burns, — Lord Byron, — Camoens, — Mme Campan, — Andrieux, — Arioste, — Bossuet, — Bouflers, — Bourdaloue, — Bertin, — Balzac, — La Fontaine, — Laujon, — Larochefoucauld, — Bernardin de Saint-Pierre, — Fénelon, — Molière, — Boileau, etc., etc. Quatre-vingt-quinze portraits, dont beaucoup avant la lettre.

261. — **Divers.** — Charles IX, — Charron, — Charles XII,
roi de Suède, — Jeanne d'Arc, — Jobannot, — Miromesnil,
— Horace, — Homère, — Cervantes, — Molière, — Lesage,
— La Fontaine, — La Bruyère, — Henri IV, — Buffon,
— Boileau, etc. Quatre-vingt-un portraits, en partie avant
la lettre.

262. — Bernardin de Saint-Pierre, — Boileau, — Bernis, —
Cromwell, — Corneille, — Chateaubriand, — Chenier, —
Chaulieu, — Colbert, — De Chennevières, etc., etc. Quatre-
vingt-dix portraits en partie avant la lettre.

263. — Louis XV, — La Harpe, — Linguet, — Bossuet, —
Mirabeau, — J.-J. Rousseau, — Montaigne, — Henri IV,
— Cervantes, — Boufflers, — Buffon, etc. Quatre-vingt-
neuf portraits, en partie avant la lettre ou à l'eau-forte.

264. — Fléchier, — Demoustier, — Fontenelle, — Girardet, —
Gilbert, — Gessner, — Mme de Genlis, — Franklin, —
Fréron, — Général Foy, — Marat, — Vertot, — Cha-
teaubriand, — Racine, — Rousseau, — Malherbe, etc.,
Quatre-vingt-douze portraits, en partie avant la lettre.

265. — Louis XVI, — Le comte de Toulouse, — Le duc d'En-
ghien, — Louis XV, — Marie-Louise, — Le duc d'Orléans,
— Louis XIV, — Le grand Dauphin, — La Harpe, —
Marie Leczinska, — Louis XVIII, — Le maréchal de
Luxembourg, — Mme de Lamballe, — Le Kain, etc., etc.
Cent cinquante-deux portraits. Beaucoup sont avant la
lettre.

266. — Le Gros, — Corneille, — Louis XI, — Louis XIV, —
Louis XVI, — Le général Lasalle, — La Harpe, — Le
duc de Bourgogne, — Louis XI'I. — Comtesse de Provence, — Voltaire, — Stern, — Regnard, et portraits
d'artistes, etc., etc. Cent treize portraits, avant et avec la
lettre.

267. — Le Kain, — Kléber, — Kellermann, — Kleen, — King,
— Championnet, — Chapelain, — Chapelle, — Charles Ier, —
Charles X, — Charette, — Charlotte-Corday, — Mlle Clai-
ron, — Ch. Coffin, — Colbert, — Mlle Contat, — Coligny,

— Condorcet, — Custine, etc., etc. Cent vingt et un portraits, en partie avant la lettre.

268. — **Divers.** — Le maréchal Oudinot, — Duchesse d'Orléans, — Alexis Orloff-Tchesmensky, — D'Oubril, — Philippe d'Orléans, — Gaston d'Orléans, — Poussin, — Pierre le Grand, — et princes et princesses de la famille d'Orléans. Trente-trois portraits.

269. — Barthelemy, — Pelisson, — Philippe II, — Pitt, — La duchesse de Phalaris, — Le duc d'Anjou, — Le duc d'Orléans, — Catherine II, — Pierre le Grand, — Le comte Portalis, — De Pontécoulant, — Pichegru, — Perrée, — Prieur, — Patru, — Prost, — Place, — De la Pérouse, — Privé, — La Peyronnie, — Parmentier, — Patin, — Pétion, — Perrault, — Polignac, — Perronnet, etc., etc. Cent soixante et un portraits.

270. — François de Neufchâteau, — Nicolas, Ier, — Naudé, — Ney, — Mouton, — Necker, — Newton, — Normand, — Noirtier, — Ninon de l'Enclos, — Niceron, — Cardinal de Noailles, — Nelson, — Nicole, — Nonnotte, — Otto, etc. Quarante et un portraits; plusieurs sont avant la lettre.

271. — Cromwell, — Charles III, — Charles Ier, — Camoens. — Canning, — Callot, — Cambacérès, — Cambon, — Cambronne, — Michel Camus, — Campu, — Carnot, — Cathelinean, — Catherine de Médicis, — Caulaincourt, etc. Vingt-huit portraits.

272. — J.-J. Rousseau, — Restout, — Vanloo, — Mme Saint-Huberti, — Alfieri, — d'Aguesseau, — Admyrauld, — Addington, — Adanson, — Aignon, — Alba, — Duc d'Albe, — Augereau, — Arnauld, etc. Trente-deux portraits, dont plusieurs avant la lettre.

273. — Maupertuis, — Montaigne, — Le duc du Maine, — Laurent de Médicis, — Malesherbes, — Sophie Monnier, — Macdonald, — Moreau, — Marmont, — Marceau, — Masséna, — Murat, — Mallet, — Mmes de Maintenon et de Montespan, — Marie-Thérèse, — Marie de Médicis, — Marie Stuart, etc., etc. Cinquante-sept portraits.

274. — **Divers**. — Murat, — Le duc du Maine, — Marmontel, — Moreau, — Marivaux, — Mirabeau, — Malherbe,
— Mlle Mars, — Masséna, — Montaigne, — Moncey, —
Mortier, — Ménage, — Ménager, — Moncrif, — De Mairan, — Anne de Montmorency, — Morellet, — Monville,
— Molé, — Mazarin, etc., etc. Cent cinquante deux portraits, dont beaucoup avant la lettre.

275. — Mirabeau, — Mascaron, — Le maréchal de Luxem-
bourg, — Machiavel, — Mareschal, — Marot, — Marie-
Thérèse, — Marie de Médicis, — Marguerite de Valois, —
Mazarin, — Montesquieu, — Malesherbe, — Duplessis-
Mornay, etc., etc. Trente-quatre portraits.

276. — Mme Riccoboni, — Georges Rodney, — Le duc de
Richelieu, — Régnier, — Robespierre, — Rampon, —
Ronsard, — Raphaël, — Raynal, — Rubens, — Riche-
rand, — L'amiral de Rigny, — Ridley, — Richardson, etc.
Soixante-trois portraits, dont plusieurs avant la lettre.

277. — Alexandre Dessenne, — Coiny, — Voltaire, — La
comtesse de Caylus, — Préville, — L'abbé Prévost, — Le
duc de Larochefoucauld, — Swift, — Scarron, — Bussy-
Rabutin, — Descartes, — Commines, — Montaigne, —
Molière, — Mme de Grignan, — Saint-François de Sales,
— Le cardinal de Noailles, — Molière, — Mazarin, —
Cervantes, — Séguier, etc., etc Cent vingt et une pièces.

278. — Voisenon, — Alfieri, — Arnauld, — J.-M. Moreau, —
Duplessis-Bertaux, — Le Comte de Caylus, — Florian, —
Pascal, — Rousseau, — Daubenton, — Amyot, — Vertot,
— Voltaire, — Linguet, — D'Alembert, — J.-B. Rousseau,
— Regnard, — Rabelais, etc., etc. Cent huit portraits.
Beaucoup sont avant la lettre.

279. — L'abbé Prévost, — Rousseau, — Marat, — Louis XVI,
Malesherbes, — Pascal, — Montaigne, — Montesquieu,
— Piron, — Mme de Warens, etc., etc. Soixante-six
portraits, en partie avant la lettre.

280. — Voltaire, — Racine, — Agnès Sorel, — Marie-Stuart,
— Le Tasse, — Massillon, — Parny, — Mme de Staël, —
J.-J. Rousseau, — J.-B. Rousseau, — Montesquieu, —

Montaigne, — Marmontel, — Sedaine, — Rabelais, etc.,
etc. Soixante-quatre portraits, en partie avant la lettre et
eaux-fortes.

28. — **Divers.** — Jeanne d'Arc, — Jourdan, — Jacquard, —
Junot, — Jean-Bart, — Joseph II, — Joubert, — Jacques Ier
et Jacques II, — Jeaurat, — L'Impératrice Josephine, etc.
Quarante-deux portraits.

28. — Voltaire, trente croquis différents gravés à l'eau-forte.
Epreuves avant la lettre, sur chine.

28. — Dusaulx, — Gessner, — Gœthe, — Vertot, — Voltaire,
Destouches, — Regnard, — Rousseau, — Derivis, —
Bossuet, — Louis XVI, — Linné, — Le Tasse, — Tressan,
— Tallien, — Tourville, — Turenne, — Mme de Thianges,
etc., etc. Cent quarante-neuf portraits. Beaucoup sont
avant la lettre.

28. — Bournonville, — Boissy d'Anglas, — Bourdaloue, —
Jean-Bart, — Baffier, — Bailly, — Balzac, — Barnave, —
Barbezieux, — Baron, — F. Barthélemy, — Baudot, — Beau-
fort, — Beauharnais, — Bertholet, — Le Général Bertrand,
— Le duc de Berry, — Sully, etc., etc. Soixante-huit por-
traits en partie avant la lettre.

28. — Quinault, — Quatremère de Quincy, — Quesnay, —
Volney, — de Villèle, — Villaret de Joyeuse, — Voiture,
Valencourt, — Vauvenargues, — Le duc de Vendôme, —
Vauban, — Le maréchal Victor, — Gustave Wasa, — Le
duc de Villars, etc., etc. Cent quinze portraits, beaucoup
sont avant la lettre.

28. — Marie-Antoinette, — Marie-Thérèse, — Marguerite de
Valois, — Mme Elisabeth, — Marie Lecszinka, — Mme de
Pompadour, Mme de Staël, — Ninon de l'Enclos, — Marguerite de Valois, — Charlotte Corday, — Mme de Maintenon, — Mme de Tencin, etc., etc. Trente-neuf portraits
en partie avant la lettre.

28. — Le général Lasalle, — Louis XV, — Le duc d'Orléans,
— Le duc du Maine, — D'Alembert, — Rousseau, — Voltaire, — Le cardinal Fleury, — Le Maréchal de Richelieu,

— J.-B. Rousseau, — Maurice de Saxe, — Le cardinal de Tencin, etc. Trente-neuf portraits.

288. — **Divers**. — Laharpe, — Louis XV, — Louis XVIII, — Louis XVII, Louis XI, — Louis XIV, — Louis XVI, — Louis XII, — Saint Louis, — Mlle Levert, — Leibnitz, — Lapérouse, — Mme de Lamballe, — Law, — Le Maréchal de Luxembourg, — Louvois, — Lannes, — Lefebvre, etc. etc. Cent trente-sept portraits.

289. — Massillon. Vingt-trois portraits différents, en partie avant lettre, sur chine.

290. — Napoléon et Florian. Vingt et un portraits différents.

291. — Descartes, — Ducis, — Mme Deshoulières, — Fénelon, — Demoustier, — Galland, — Grenet, — Grandville, — Mme de Graffigny, — Mme Dubarry, etc. Cinquante-un portraits, en partie avant la lettre.

292. — Elizabeth, reine d'Angleterre, — Elisabeth de France, — Le père Elisée, — Le duc d'Enghien, — d'Epremenil, — Escobar, — Esope, — Le maréchal d'Estrées, — Le prince Eugène, etc. Vingt-trois portraits.

293. — George Ier et George II, — Gaston d'Orléans, — L'abbé Grégoire, — John Gay, — Gall, — Galien, — Gassion, — Gensonné, — Jean Gerson, — Ginguené, — Girodet, — Gouvion Saint-Cyr, — Grétry, etc., etc. Quatre-vingt-cinq portraits.

294. — Henri IV, — Habert, — Halley, — Hamelin, — D'Hautpoul, — Henri de Lorraine, — Henriette d'Angleterre, — Henri II, — Henri III. — Henri VIII, roi d'Angleterre, — d'Héricourt, — Hoche, — Hoffmann, — Holbein, — Humbolt, etc. Cinquante-sept portraits, beaucoup sont avant la lettre.

295. — Choiseul-Stainville, — La Place, — Jérome Napoléon, — Le comte de Ségur, — Mathieu de Montreuil, — Rousseau, — Racine, — Tressan, — Villars, — Massillon, — Lesage, — Schiller, — Rabelais, — Catherine, II, — Quinaut, — Bayle, — Virgile, — Le Maréchal de Luxembourg, — Mazarin, — Rubens, — Fénelon, — La Fontaine, — Re-

gnard, etc., etc. Cent ving-deuxportraits en partie avant la lettre.

296 — **Divers**. — Mme de Sévigné, — Louvois, — L'Arioste, — Le Tasse, — Mascaron, — Hortense Mancini, — Pascal, — Montaigne, — Mme de Thianges, — Le duc de Lorges, — Quinault, — Mme de Maintenon, — Sobieski, — Fontenelle, — Ménage, — — Marie de Mancini, — Sarazin, — Richelieu, — Louis, XIII, — Le prince de Condé, — Le maréchal de Créquy, etc., etc. Cent trente-quatre portraits pouvant servir à illustrer les *lettres* de Mme de Sévigné.

297 — Rétif de la Bretonne, — Sedaine, — Sterne, — Sophie Arnould, — Sieyès, — Agnès Sorel, — Sénèque, — Séguier, — Le duc de Saint-Aignan, — Turenne, — Mlle de Sombreuil, — Jean Sobieski, — Sully, — Saint-Just, — Sidney, — Steele, etc., etc. Cent quarante-un portraits.

298 — Frédéric le Grand, — Falatieu, — Guillaume Farel, — Benjamin Franklin, — Fauche-Borel, — Faurie, — Favras, — Fouquet, — De Fontanes, — Ch. de Forbin, — Francklin, etc. Trente-cinq portraits plusieurs sont avant la lettre.

299 — Dumouriez, — David Hume, — Le cardinal Dubois, — Le Dante, — J. Delille, — Samuel Daniel, — Daubenton, — Le grand Dauphin, — Desaix, — Descartes, — Desfontaines, — Desjardins, — C. Desmoulins, — Général Drouot, — Le cardinal Dubois, — Dubourg, — Duguesclin, etc., etc. Quatre-vingt-quinze portraits en partie avant la lettre.

300 — L. de Pontis, — Cl. Marot, — Mlle Mars, — Marsolini, — Pigault Lebrun, — Marivaux, — Voltaire, — Baron, — Le Tasse, — Regnard, — Raphaël Sanzio, — Turenne, — Girardet, — Lord Byron, — Nourrit, — Mozart, — Laujon — Laharpe, — Mirabeau, — Mme de Sévigné, — de Longueville, — de Grignan, etc., etc. Quatre-vingt-quinze portraits dont plusieurs avant la lettre.

301 — *Voltaire*, — *Piis*, — Bernigaud de *Grange*, — *Diderot*, *Berlinazzi*, — *Collardeau*, — *J. J. Rousseau*, — *Montes-*

quieu, — *Le Beau*, — Gabriel Bonnat de *Mably*, etc.
Douze portraits in-8 et in-4 par divers graveurs. Très
belles épreuves.

302 — **Divers.** — L'abbé Maury, — Franklin, — J. J. Rousseau, — Montesquieu, — Mignard, — Mlle de Montpensier,
— Mme Roland, — Condillac, — L'abbé Prévost, — Marie
de Médicis, — Marie-Thérèse, — Montesquieu, — Montaigne, — Descamps, — Marmontel, — Marat, etc., etc.
Cent dix-sept portraits. Beaucoup sont avant la lettre
ou à l'eau-forte.

303. — Vadé, — Lamartine, — Lesage, — Helvetius, — Rabelais, — J. B. Rousseau, — Voltaire, — Walter Scott, —
Vertot, — l'abbé Pommyer, — Pascal, — Cook. Portraits
par Th. de Leu et L. Gautier, etc., etc. Cent huit portraits. Beaucoup sont avant la lettre.

304. — Pétrarque, — Malbranche, — Pierre d'Ailli, — Jacques
Lenfant, — Rosalba Carriera, — Meusnier de Querlon, —
Marguerite de Valois, — François Ier, — Antoine Hamil-
ton, — Mme Cornuel, etc., etc. Vingt-neuf portraits en
partie de la suite d'O *dieuvre*.

305 — Debucourt, — Wille, — Cl. J. Vernet, — Bernard
Picart, — Millevoye, — Louis XVI, — Lenguet. — Marat,
— Louvet, etc., etc. Trente-cinq portraits.

306. — Le comte d'Argenson, — Astruc, — Le maréchal de
Belle-Isle, — Chevert, — Clairaut, — Clinton, — Denon,
— Joly de Fleury, — Frédéric II, — G. de Voisins, — Mme de
Graffigni, — Joseph II, — Louis XIV, etc., etc. Quarante-
huit portraits divers.

307. — Poerson. — Lafayette, — Louis XIII, — Calvin,
— Ch. Corday, — Canova, — Mme Champmeslé, —
le duc de Vendôme, — Louis XVII, — Louis XVI, —
Portraits d'auteurs des XVIIIe et XIXe siècle. Cent cinquante-sept portraits, la plus grande partie avant la
lettre.

308. — Portraits de Molière, et vignettes diverses. Cinquante
pièces.

309 — **Divers.** — Portraits tirés de la galerie de Versailles et autres. Cent douze pièces. Beaucoup sont avant la lettre.

310 — Portraits divers. Quatre-vingt-dix-huit pièces. Plusieurs sont avant la lettre.

311 — Richard *Cosway*, — *Garrick*, — Le baron *Gerard*, — *Millevoye*, — *Napoléon*, etc. Six portraits dont trois avant la lettre.

312 — Coquelay de Chaussepierre, — J. C. *Caffin*, — Alexandre *Farnèse*, — Louis *Prevost*, — Le *Tasse*, — Jean *Dusaulx*, — J. *Delille*, etc. Huit portraits, in-8. Belles épreuves.

313 — *Louis XV*, — La famille de *Rochtern*, — *Balouhey*, — *Washington*, — *Debucourt*, — Mme de *Mirbel*, — *Vondel*, etc. Dix pièces.

314 — *Geps de Flavigny*, — Jean *Palaprat*, — J. *Regnard*, — Le *Bouthillier de Rance*, — De *Montfaucon*, — La *Harpe*, — *Buffon*, — *Bonaparte*, — *Fénelon*, — *Garrick*, etc. Quatorze portraits par divers graveurs.

315 — *Corneille*, — *Bourdaloue*, — *Beaumarchais*, — *Palissot*, — Léonard *Chodsko*, — Mme de *Staël*, — Le duc de *Bordeaux*, — *Bossuet*, — Molière, etc. Quatorze portraits par divers graveurs.

316 — *Colbert* évêque de Montpellier, — *Robespierre*, — Mme de *Sévigné*, — *Racine*, — *Pitt*, — *Daubenton*, — *Fouquier-Tainville*, — *Parny*, — *Vertot*, — L. A. de *Cessart*, — Caroline *Murat*, — etc., etc. Vingt-quatre portraits par divers graveurs.

317 — Ovide, — Sénèque, — A. Durer, — Charles V, — Pépin de Lande, — Louis d'Anjou, — Henri II, — Louis XI, — Joseph Paris Duverney, etc., etc. Treize portraits.

318 — Milton, — J.-J. Rousseau. — A.-L Lavoisier, — Louis Blanc, — Ernest Picard, — Emile Olivier, — Guizot, — Christine, reine de Suède, — Elisabeth Duval, etc. Douze portraits.

319 — Portraits par Michel Lasne, — Hainzelman, — Thomassin, — Beck, — Œudieuvre, etc. Neuf portraits in-8 et in-fol.

32.. — **Divers**. — Personnages anglais. Dix-sept portraits.

32.. — Princes, rois et ministres. Vingt portraits.

32.. — Portraits et vignettes relatifs à la famille d'Orléans. Trente pièces.

32.. — Portraits de princes et princesses des familles de Condé et de Conti. Vingt pièces.

32.. — Portraits et vignettes relatifs à la famille Bonaparte. Quarante-quatre pièces.

32.. — Portraits publiés par Furne, ou t   la galerie de Versailles. Dix-neuf pièces.

32.. — Portraits et pièces historiques relatifs à Louis XVI, Marie-Antoinette et le dauphin. Vingt pièces.

32.. — Femmes célèbres. Vingt pièces.

22.. — **Drevet** (P.).—*Bernard* (Saint), premier abbé de Clairvaux. In-4. Très belle épreuve. Rare.

329 — *Boileau-Despréaux* (Nicolas), d'après Rigaud. In-fol. Très belle épreuve.

330 — *Boileau-Despréaux* (N.), d'après de Pils. In-4. Très belle épreuve

331 — *Fleury* (le card.), d'après Rigaud. In-fol. Très belle épreuve.

332 — *Lambert* (Madame), d'après Largillière. In-fol. Belle épreuve.

333 — *Lambert* (Hélène), d'après de Largillière. In-fol. Très belle épreuve.

334. — *Adrienne Le Couvreur*, d'après Coypel. In-fol. Belle épreuve.

335 — *Mitantier* (J.-M.), Greffier de l'Hôtel de Ville de Paris, d'après Largillière. In-fol. Très belle épreuve.

336. -- *De Rancé*, abbé et réformateur de la Trappe, d'après Rigaud. In-8.

337 — *Rigaud* (Hyacinthe), d'après lui-même. In-fol. Belle épreuve.

33**8**. — **Drevet**. — *Rohan* (Armand-Gaston de), d'après Rigaud. In-fol. Très belle épreuve.

33**9**. — *Sainte Marthe* (Dom Denys de), d'après Cazès. In-fol. Belle épreuve.

3**40**. — *Bossuet* (Jacques-Bénigne), évêque de Meaux, d'après Rigaud. Epreuve sans marge.

34**1**. — **Duflos** (P.) — *De la Salle*, d'après Borel. In-8. Très belle épreuve, marge.

342 — **Dupin**. — *Artois* (Charles-Philippe, comte d'), colonel général des Suisses et Grisons. In-4. Très belle épreuve, marge.

342 *bis*. — *Diderot*, d'après Greuze. In-4. Très belle épreuve, marge.

343 — **Dupin et Duponchel**. — Louis-Stanislas-Xavier de France. — Marie-Jeanne-Louis de Savoie. Deux portraits, in-fol., faisant pendants, d'après Vanloo et Drouais. Très belles épreuves, marges.

344 — **Dupuis** (N.). — *Wouwermans* (Philippe), d'après C. de Vischer. In-fol. Belle épreuve, marge.

34**5**. — **Dyck** (d'après Ant. Van). — Marie, princesse *D'Arenberg*, — Lucas Van *Uden*, — Franciscus Vander Ee. Trois portraits, in-fol., gravés par Pontius, Vorsterman et Meyssens. Très belles épreuves. Deux sont du premier état.

346 — Paulus du Pont, — J. de Momper. — J. Snellinx, — Erasme, — J. Breugel, — F. Franck. Six portraits. Belles épreuves.

34**7**. — **Edelinck** (Gérard). — Bossuet (J.-B.), évêque de Meaux, d'après Rigaud. In-4. Belle épreuve.

348 — *Desjardins*, sculpteur, d'après Rigaud (182). Très belle épreuve.

349 — *Le Brun* (Ch.), peintre, d'après N. de Largillière (228). Très belle épreuve.

35**0**. — *Le Tellier* (Charles-Maurice), archevêque de Reims, d'après Mignard (R. D. 245). Très belle épreuve.

351 — **Edelinck.** — *Perrault* (Charles), de l'Académie française, d'après Tortebat (292). Belle épreuve.

352 — *Villeroy* (Fr. de Neufville, duc de), maréchal de France, d'après Rigaud (337). Belle épreuve.

353 — **Edelinck** (N.) — *Edelinck* (Gérard), d'après Tortebat. In-fol. Belle épreuve.

354 — **Ethiou.** — *Crebillon*, d'après A. Desenne. In 8. Trente-cinq exemplaires.

355 — **Eisen** (d'après Ch.). — *La Fontaine* couronné par les Grâces et les Amours, gravé par N. De Launay. In 8. Très belle épreuve.

356 — **Faithorne** (W.). — *More* (Henri), de Cambridge. In-fol. Très belle épreuve.

357 — *Stanley* (Th.), d'après P. Lely. Belle épreuve.

358 — **Fessard** (M.). — *Dorat*, petit buste au milieu d'attributs divers, grand in-8, d'après Hoin. Très belle épreuve, marge.

359 — Triomphe de Rameau, d'après Duvaux. Bonne épreuve.

360 — **Ficquet** (Étienne). — *Lodovico Ariosto* (f. 4). Deux épreuves des quatrième et cinquième états, margés.

361 — *Marcus Tullius Cicero* (32). Belle épreuve.

362 — *Corneille* (Pierre), d'après Le Brun (34). Très belle épreuve.

363 — Le même personnage gravé en contre-partie par Gaucher. In-8. Belle épreuve.

364 — *Crebillon* (Prosper Jolyot de), d'après Aved (37). Superbe épreuve du 2e état, avant les noms des artistes.

365 — Le même portrait. Très belle épreuve, avec les noms.

366 — Joliot *de Crebillon*, — Jean *Regnard*. Deux portraits. Belles épreuves.

367 — *Descartes* (René), d'après Franck Hals (39). Belle épreuve.

368 — Jean de *La Fontaine*, d'après Rigaud (61). Très belle épreuve, dite au ruisseau blanc.

362. — **Ficquet.** — Le même personnage (62), pour les Contes, édition des fermiers généraux. Superbe épreuve, marge.

370. — *La Fontaine* (J. de), d'après Rigaud. Très belle épreuve dite au ruisseau blanc.

371 — La Fontaine, — Cicéron, — J.-B. Rousseau, — Vadé, — Crebillon, — Corneille, 8 portraits. Bonnes épreuves.

372 — *Montaigne, Lamothe Le Vayer.* Deux portraits. Très belles épreuves.

373. — *Maintenon* (Françoise d'Aubigné, marquise de), d'après Mignard (93, 2e planche). Très belle épreuve, marge.

374. — *Montaigne* (Michel de), d'après Dumoustier (102). Très belle épreuve.

375. — **Ficquet** (Étienne). — *Racine* (Jean). Médaillon entouré de fleurs ; en bas, un cygne, une lyre, un amour tenant une couronne sur un autel où on lit le nom de Racine. Le portrait est à peine tracé, les vêtements et quelques parties de la perruque sont gravés, ainsi que le fond. Le dessin de l'encadrement paraît être de Marillier.

Cette ébauche, d'une grande finesse de gravure, est extrêmement rare, et nous n'en connaissons que trois ou quatre épreuves. (*Les graveurs du* XVIIIe *siècle* par le baron Roger Portalis et Henri Beraldi, tome II, p. 177.) Superbe épreuve, marge.

376. — *Regnard* (J.-F.), d'après Rigaud (f. 122). Très belle épreuve.

377. — *Rousseau* (Jean-Baptiste), d'après Aved (131). Épreuve avant la lettre, remontée.

378. — Portraits tirés de la *Vie des peintres* de Descamps. Cinquante-quatre pièces.

379 — **Flipart** (J.-J.). — *Greuze* (J.-B.), d'après ui-même. In-4. Très belle épreuve, marge.

380 — **Gaillard** (R.). — *Castanier* (François), d'après Rigaud. In-fol. Très belle épreuve.

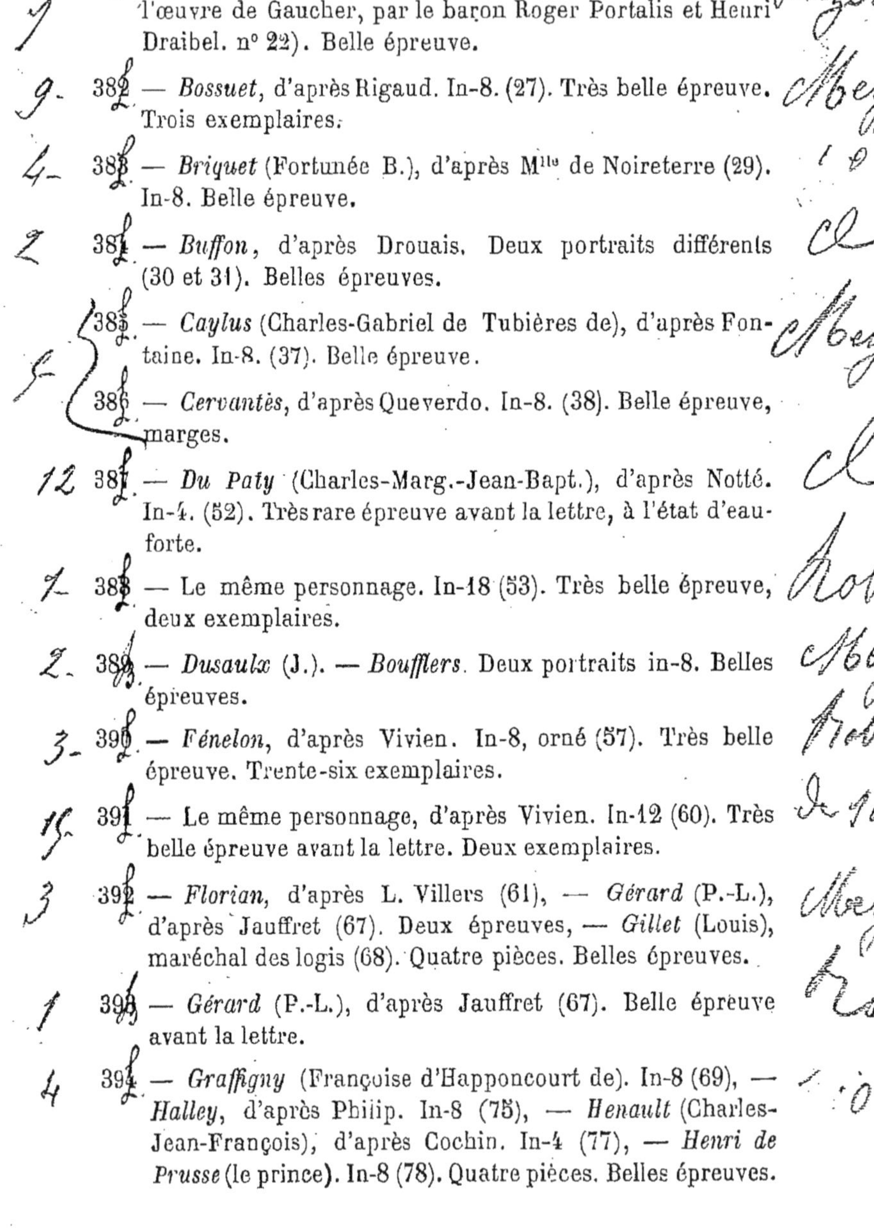

381. — **Gaucher** (Ch.-Ét.). — Portrait de l'artiste. (Cat. de l'œuvre de Gaucher, par le baron Roger Portalis et Henri Draibel. n° 22). Belle épreuve.

382 — *Bossuet*, d'après Rigaud. In-8. (27). Très belle épreuve. Trois exemplaires.

383 — *Briquet* (Fortunée B.), d'après M*** de Noireterre (29). In-8. Belle épreuve.

384 — *Buffon*, d'après Drouais. Deux portraits différents (30 et 31). Belles épreuves.

385 — *Caylus* (Charles-Gabriel de Tubières de), d'après Fontaine. In-8. (37). Belle épreuve.

386 — *Cervantès*, d'après Queverdo. In-8. (38). Belle épreuve, marges.

387 — *Du Paty* (Charles-Marg.-Jean-Bapt.), d'après Notté. In-4. (52). Très rare épreuve avant la lettre, à l'état d'eau-forte.

388 — Le même personnage. In-18 (53). Très belle épreuve, deux exemplaires.

389 — *Dusaulx* (J.). — *Boufflers*. Deux portraits in-8. Belles épreuves.

390 — *Fénelon*, d'après Vivien. In-8, orné (57). Très belle épreuve. Trente-six exemplaires.

391 — Le même personnage, d'après Vivien. In-12 (60). Très belle épreuve avant la lettre. Deux exemplaires.

392 — *Florian*, d'après L. Villers (61), — *Gérard* (P.-L.), d'après Jauffret (67). Deux épreuves, — *Gillet* (Louis), maréchal des logis (68). Quatre pièces. Belles épreuves.

393 — *Gérard* (P.-L.), d'après Jauffret (67). Belle épreuve avant la lettre.

394 — *Graffigny* (Françoise d'Happoncourt de). In-8 (69), — *Halley*, d'après Phiiip. In-8 (75), — *Henault* (Charles-Jean-François), d'après Cochin. In-4 (77), — *Henri de Prusse* (le prince). In-8 (78). Quatre pièces. Belles épreuves.

393 — **Gaucher.** — *Henault* (Charles-Jean-François), d'après Cochin. In-4. Belle épreuve, marge.

394 — *La Borde* (Jean-Benjamin), (86), — *Lassus* (Pierre), d'après Giraudet (91), — *Lazzerini* (Gustave), d'après Dufresne. In-8 (93), — *Malesherbes* (Charles-Guillaume Lamoignon), (107). Quatre pièces. Belles épreuves.

395 — La Rochefoucauld. Épreuve avant la lettre.

396 — A la mémoire de *Jacques-Philippe Lebas*. Allégorie d'après Cochin. In-8. Belle épreuve.

397 — Louis-Auguste, dauphin de France depuis Louis XVI, d'après Gautier (102). In-8. Superbe et rare épreuve avant toutes lettres.

400 — Louis XVI et sa famille (103). Très belle épreuve avant toutes lettres. Rare.

401 — *Marie-Cécile*, princesse ottomane (111), — *Graffigny* (Mme de), (60). Deux portraits. Belles épreuves.

402 — *Marmontel* (Jean-François), historiographe de France (114). In-8. Très belle épreuve, marge.

403 — *Marie-Cécile*, princesse ottomane (111), — *Metastasio* (Pietro), d'après Steiner. In-8 (115). Deux épreuves, — *Montmirail*. Deux portraits différents (119 et 120). Cinq pièces. Belles épreuves.

404 — *Nicole*, d'après Champaigne (123), — *Pils* (A. P. A. de), d'après François (131), — *Gaucher de Sainte-Marthe*, d'après Porbus, — *Pulci* (Luigi), (135), — *Sicard* (Roch-Ambroise), d'après Jauffret (145), — *Soret*, d'après Mme de Vaupré. In-8 (146), — *Vendôme* (Charles de Bourbon, duc de), (149), — *Vergennes* (le comte de), (151). Huit pièces. Belles épreuves.

405 — *Orléans* (Charles duc d'). in-12. Deux épreuves, dont une avant la lettre à l'eau-forte.

406 — *Salm-Salm* (Guillaume-Florentin), prince du S. E. R. In-4 (144). Belle épreuve.

407 — *Soret* (G.-J.), avocat au parlement, d'après Mme de Vaupré. In-8 (146). Très belle épreuve.

408 — **Gaucher.** — *Vergennes* (Charles-Xavier, comte de). Deux portraits différents (150-151). Très belles épreuves.

409 — **Gaugain** (T.). — *Warren Hastings*, Esq^e. In fol., en buste. Superbe épreuve, marge.

410 — **Gaultier** (L.). — *Paschasius* (Stephanus). In-8. Très belle épreuve, marge.

411 — **Gautier-Dagoty.** — *Astruc* (Jean), d'après Vigée. In-4. Très belle épreuve, marge.

412 — **Geyser.** — *Chodowiecki* (D.), d'après Zingg. In-8. Belle épreuve.

413 — **Gillberg.** — Mlle La Chantrie, de l'Opéra, d'après Pierre. In-fol., à la sanguine. Belle épreuve.

414 — **Gillray** (J.). — *Saxe-Cobourg* (le prince de), d'après Loutherbourg. In-fol. Très belle épreuve, marge.

415 — **G. M. B.** (1816.) — *La Valette* (Mme), petit buste dans un médaillon de forme ovale. In-18. Très belle épreuve. Rare.

416 — **Grateloup** (J.-B.). — *Rousseau* (J.-B.), d'après Aved (f. 9). Très belle épreuve.

417 — **Gravelot** (d'après H.). — *Louis XV*, buste couronné par Apollon et une muse, gravé par Duclos. Très belle épreuve, marge.

418 — **Grignon et Poilly.** — *Verthamon* (F. de), d'après Lefebvre, — *Le Moyne* (Petro), de la Société de Jésus, d'après Champagne. Deux portraits in-fol. Belles épreuves.

419 — **Gunst.** — *Marlborough* (Jean, duc de), in-8. Épreuve avant toutes lettres.

420 — **Guisard.** — *Marivaux*. In-8, avant la lettre sur chine.

421 — **Haas** (M.). — S. A. R. Mme la princesse Louise, fille du prince Ferdinand de Prusse. In-fol., en pied. Très belle épreuve.

422 — **Haid** (J.-E.). — *Bartolozzi* (Francis), d'après Reynolds. In-4. Belle épreuve, marge.

423 — **Haid.** — Rose-Joséphine *Bonaparte*, née de la Pagerie. In-4, en manière noire. Très belle épreuve, marge.

424 — **Haid et Pitteri.** — *Piazzetta* (J.-B.), — *Goldoni* (Charles). Deux portraits in-fol. Belles épreuves.

425 — **Henriquel-Dupont.** — *Berlin*, fondateur du *Journal des Débats*, d'après Ingres. Épreuve avant toutes lettres, non entièrement terminée.

426 — *Brongniart* (Alexandre), membre de l'Académie des sciences. Belle épreuve.

427 — *Desenne* (Alexandre), dessinateur, d'après Moulon. In-8. Onze épreuves.

428 — *Feuillet de Conches* (Mme). Épreuve sur chine.

429 — *Grégoire XVI*, pape, d'après Paul Delaroche. Épreuve avant la lettre sur chine.

430 — Grégoire XVI, d'après Paul Delaroche.

431 — *Montaigne* (Michel de), in-8. Six épreuves avant la lettre.

432 — **Henriquez** (B.-L.). — *Alembert* (J. d'), in-fol. Très belle épreuve.

433 — **Heyblocq** (J.). — *Erasme de Rotterdam*, in-fol. en pied. Belle épreuve.

434 — **Hoin** (C. J. B.). — Son portrait, dessiné et gravé par lui en 1787. In-4. Très belle épreuve. Rare.

435 — **Hopwood.** — *La Fontaine* (J. de), in-4. Quatre-vingt neuf exemplaires.

436 — **Houbraken.** — Frédéric Henri, prince d'Orange, d'après Tangé. In-fol. Belle épreuve, marge.

437 — *Guillaume IV*, prince d'Orange, d'après Aved. In-fol. Très belle épreuve avant la lettre.

438 — **Hubert** (F.). — *Fénelon*, d'après Vivien. In-8. Épreuve avant la lettre. Trois exemplaires.

439 — Armand-Thomas *Hue*, marquis de Miromesnil, d'après Meon. In-fol. Belle épreuve, marge.

440. — **Hubert.** *Tourville* (le maréchal de), d'après Graincourt. In-8. Belle épreuve.

441. — Le maréchal *de Vivonne*, d'après Graincourt. In-4. Très belle épreuve, marge. Deux exemplaires.

442. — **Hubert et Desrais.** — *De la Motte* (Louis-François-Gabriel d'Orléans), évêque d'Amiens, — *Frédéric II*, roi de Prusse. Deux portraits in-8. Très belles épreuves, marge.

443. — **Huber.** — *Voltaire*, croquis gravé à la sanguine en 1790. In-4. Très belle épreuve.

444. — *Voltaire*, esquisse d'après nature faite à Fernex en 1769. In-4. Belle épreuve.

445. — Voltaire se promenant dans la campagne, gravé à l'eau-forte en 1778. In-4. Très belle épreuve, marge.

446. — **Huot** (F.). — *Court de Gibelin*, d'après Pujos. In-4. Très belle épreuve.

447. — **Ingouf** (P. G.). — *Chevreuse* (Marie-Charles-Louis d'Albert, duc de Luynes et de), d'après Guillet. In-fol. Belle épreuve.

448. — *Marivaux*, de l'Académie française, d'après Pougin de Saint-Aubin et Marillier. In-8. Belle épreuve.

449. — *Simon* (Pierre-Guillaume), imprimeur du Parlement, d'après Pougin de Saint-Aubin. In-fol. Très belle épreuve.

450. — Wille (J. G.), d'après P. A. Wille fils. In-4. Belle épreuve.

451. — **Iode** (P. de). — Henriette-Marie de Bourbon, reine d'Angleterre, d'après Van-Dyck, in-fol. Très belle épreuve.

452. — **Jacques** (D'après). — *Mars* (Mlle), célèbre actrice, in-fol. Épreuve avant toutes lettres.

453. — **Janinet** (F.). — *Joseph*, sourd et muet, in-4, d'après Lemoine. Belle épreuve, marge.

454. — *Le Kain*, dans Mahomet, d'après Brion de la Tour, in-8, en couleur. Très belle épreuve, marge.

455 — **Jeaurat** (E.). — *Vleughels* (Nicolas), d'après Ant. Pesne, in-fol. Superbe et rare épreuve avant toutes lettres, plus une épreuve avec la lettre. Deux pièces.

456.— **Johannot** (T.). — *Vertot*, d'après Deveria, in-8. Épreuve à l'état d'eau-forte. Neuf exemplaires.

457 — **Kearsly** (Publié par). — Portraits anglais et autres. Vingt-neuf pièces.

458 — **King** (G.). — *Rapin de Thoyras*, d'après Brandon, in-fol. Belle épreuve.

459 — **Klauber** (L. S.). — *Louis XVIII*, roi de France. Gravé à Saint-Pétersbourg, in-8. Vingt-quatre épreuves.

460 — **Kohl** (Cl.). — *Brunswick* (Charles G. F., duc de), d'après Graff, in-fol. Belle épreuve.

461 — **Küsel** (Melchior). — *Weiss* (Léon), conseiller municipal, d'après J. Werner, in-fol. Très belle épreuve.

462 — **Landry**. — *Manesson-Mallet* (Allain), ingénieur des camps et armes du Roi de Portugal, in-8. Belle épreuve.

463 — **Langlois** (P. G.). — *Fontenelle* (B. de), d'après Voiriot, in-4. Épreuve avant la lettre.

464 — *Fontenelle*, d'après Voiriot. Épreuve avant la lettre, — Pierre Ier, d'après Caravaque. Deux portraits. Belles épreuves.

465 — *Joly* (Marie-Élizabeth), du Théâtre-Français, in-fol. Très belle épreuve, marge.

466 — *Voltaire*, d'après De La Tour, in-4. Très belle épreuve, marge.

467 — **Larmessin** (N. de). — Raphaël et son Maître d'armes, in-fol. Belle épreuve.

468 — Portraits tirés de l'Académie des Sciences et des Arts. Dix-neuf pièces.

469 — **De Launay** (N.). — *Bernard de Bonnard*, d'après Vestier, in-8. Très belle épreuve, marge.

470 — *Le Tasse*, — Mme de *Tencin*, — Mme de *Graffigny*. Deux portraits différents, — *Fénelon et J. B. Rousseau*. Huit portraits, in-18. Très belles épreuves, marges.

471. — **De Launay** (R.). — *La Fayette* (Marie Magd. Pioche de Lavergne, comtesse de), d'après Ferdinand, in-18. Deux épreuves.

472. — **Laurent** (P.). — *Petit* (Antoine), d'après Pujos, in-4. Très belle épreuve, marge.

473 — **Lawrence** (D'après). — *Sir Astley Paston Cooper*, par Cousins, in-fol. Belle épreuve.

474. — **Le Beau.** — *Marie Leczinska*, princesse de Pologne, in-8. Superbe épreuve avant le numéro, marge.

475. — Louis-Philippe, duc *d'Orléans*, d'après Delorme, — *Louis XIV*, roi de France. Deux portraits in-8. Épreuves avant les numéros, grandes marges.

476. — *Louis XVI*, roi de France, in-18. Très belle épreuve.

477. — Le duc de *Penthièvre*, in-8. Superbe épreuve avant toutes lettres, marge.

478. — *Raucour* (Mlle), célèbre actrice, in-8. Belle épreuve avant le numéro.

479. — *Raynal* (Guillaume-Thomas), in-8. Très belle épreuve.

480. — *Tourville* (Le comte de), amiral de France, d'après Desrais, in-4. Très belle épreuve, grande marge.

481. — **Le Beau, Delattre et Dupin.** — *Linguet* (Henri), *Necker*, directeur général des finances, — Germain *Pichault de la Martinière*, — Le maréchal de *Saxe*, — *Fénelon*, — *Bertin*. Six portraits, in-8. Belles épreuves.

482 — **Le Brun** (D'après Mme). — *Grassini* (Mme, dans le rôle de Zaïre), par S. W. Reynolds, in-fol. Très belle épreuve, marge.

483. — **Lecerf et Lerouge.** — Les Reines de France, épouses des Bourbons, d'après Chasselat, in-fol. Très rare épreuve à l'état d'eau-forte.

484 — **Legoux**. — *Théodore Dauberval*, in-8. Belle épreuve.

485. — **Le Grand** (Louis). — Le Pape *Clément XIV*, d'après Campanella, in-18. Très belle épreuve, marge.

486 — **Le Mire** (N.). — *Bernis* (le cardinal de), d'après Cal-
let, pour frontispice de ses œuvres. Superbe épreuve avant
la lettre. Six exemplaires.

487 — *Joseph II*, empereur d'Autriche, in-18. Très belle
épreuve.

488 — *Louis XV* le Bien-Aimé, in-8. Très belle épreuve avec
marge.

489 — *Poullain de Saint-Foix*, d'après Pougin de Saint-Aubin
et Marillier, in-8. Très belle épreuve.

490 — **Lempereur** (L.). — *Jeaurat* (Étienne), d'après Roslin, in-fol. Belle épreuve, marge.

491 bis — **Lepicié.** — *Desmares* (Charlotte), célèbre actrice,
in-fol. Très belle épreuve, marge.

491 ter — *De Seine* (Catherine), épouse du sieur Dufresne,
d'après Aved, in-fol. Très belle épreuve.

493 — **Leroux.** — *Regnard* (J. E.)., in-8. Avec les lettres
grises.

494 — **Le Roy** (J.). — *Beaumarchais* (P. A. Caron de),
d'après Cochin, in-8. Très belle épreuve, marge.

495 — **Leu** (Th. de). — *Servin* (Louis), magistrat (486). Très
belle épreuve du premier état avant la lettre et l'adresse de
Mariette.

496 — **Lignon** (F.). — *Talma*, d'après Picot, in-fol. Belle
épreuve.

497 bis — **Lignon et Augrand.** — *Talma* (F. J.). Deux portraits différents, d'après Muneret et Picot. Belles épreuves.

498 — **Lingée** (Mme). — *Colardeau* (Charles-Pierre), de l'Académie Française, d'après Trinquesse, in-4. Très rare épreuve
avant toutes lettres.

499 — Le même portrait. Très belle épreuve, marge.

500 — *Le Tourneur* (Pierre-Prime-Félicien), in-4, d'après Pujos. Superbe épreuve avant la lettre, marge, plus une
épreuve avec la lettre. Deux pièces.

501 — **Lips** (H.) — *Corday* (Charlotte), d'après Bréa, in-8. Belle épreuve.

502 — **Lithographies.** — Portraits divers, lithographie de Delpech. Quarante pièces.

503 — Sujets historiques. Neuf pièces.

504 — Pauline Granger, — Lablache, — le baron Taylor, — Jules Simon, — Emmanuel Arago, etc., etc. Douze pièces.

505 — Savants et littérateurs. Quarante portraits.

506 — Peintres sculpteurs et musiciens. Quinze portraits.

507 — Généraux et amiraux. Vingt portraits.

508 — Portraits et sujets historiques. Douze pièces.

509 — **Littret.** — *Belloy* (P. L. de), — *Caylus* (le comte de), — *Montesquieu* (Ch. de). Trois portraits in-4 et in-8. Belles épreuves.

510 — *Pompadour* (la marquise de), d'après Schenau, in-4. Superbe épreuve, marge.

511 — **Littret et Daullé.** — *Rousseau* (J.-J.), d'après de la Tour, — *Nonnotte*, d'après lui-même, — *Henault* (Charles-Jean-François). Trois portraits in-8 et in-4. Belles épreuves.

512 — **Lochon** (R). — *Bignon* (Hier.), in-4. Belle épreuve.

513 — *Richelieu* (l'abbé de), in-folio. Belle épreuve.

514 — Les comtes et les comtesses, d'après Van Dyck. Suite de douze pièces. Très belles épreuves.

515 — Rachel, comtesse de *Middlesex*, d'après Van Dyck. In-folio. Deux épreuves.

516 — **De Longueil.** — *Bossuet*, d'après Rigaud, in-8. Deux épreuves.

517 — **De Lorraine.** — *Aubert* (M. l'abbé), d'après Aubert, in-4. Belle épreuve, marge.

518 — **Louvion** (J.-B.). — A la gloire immortelle de Bonaparte, allégorie avec portrait. In-folio.

519 — **Lubin** (J.). — Portraits tirés des *Hommes illustres* de Perrault. Dix pièces. Très belles épreuves, marges.

520 — **Malœuvre**. — *Poullain de Saint-Foix*, d'après Pou-gain de Saint-Aubin, in-8. Très belle épreuve.

521 — **Manceau** (T). — Madame *G. Sand*, fac-similé d'un dessin de T. Couture. In-folio.

522 — **De Marcenay de Ghuy** (Ant.). — *Brunswick-Wol-fenbuttel* (Charles), d'après La Fontaine, in-folio. Deux très belles épreuves avant toutes lettres, dont une avant l'achèvement du cadre.

523 — *Jeanne d'Arc*, in-8. Très belle épreuve avant la lettre.

524 — *Bayard*, in-8, avant toutes lettres.

525 — *Bayard* (le chevalier), — *L'Hôpital* (le chancelier de). Deux portraits in-8. Belles épreuves avant la lettre, marges.

526 — *De Marcenay de Ghuy* (Ant. de). Premier état avant toutes lettres.

527 — Le maréchal de *Saxe*, — le maréchal de *Villars*, — le président de *Thou*, — le duc de *Sully*. Quatre portraits in-8. Très belles épreuves, marges.

528 — **Marchand** (J.). — *Pibrac* (Egide de Bertrand), d'a-près Lemonnier, in-4. Belle épreuve.

529 — **Marchand et Canu**. — Le duc d'Angoulême, — le duc et la duchesse de Berri, — Pie VII, souverain Pon-tife, — Ramon. Six portraits en couleur. Belles épreuves.

530 — **Marillier**. — *Boileau Despréaux* (Nicolas). Médaillon au milieu d'attributs divers, in-folio, tiré des *Illustres Français* de Marillier et Ponce ainsi que les quatre numéros suivants. Très rare épreuve à l'état d'eau-forte, marge.

531 — *Vendome et Catinat*. Très rare épreuve à l'état d'eau-forte, marge.

532 — *Descartes* (R). Très rare épreuve à l'état d'eau-forte, marge.

533 — *Buffon* (le comte de). Très rare épreuve à l'état d'eau-forte.

534 — *Turenne* (le vicomte de). Très rare épreuve à l'état d'eau-forte, marge.

535. — **Marillier**. — Portraits d'auteurs célèbres du xviii° siècle, tirées du livre intitulé : *les Illustres Français*, de Marillier et Ponce. Vingt-deux pièces, dont deux à l'état d'eau-forte.

536. — **Martinet** (A.). — *La Fornarina*, d'après Raphaël. Épreuve avant la lettre.

537. — **Masquelier**. — *Julli et Piccini*, représentés en bustes en regard l'un de l'autre sur un même cartouche orne-menté, in-8 en largeur. Très rare épreuve à l'état d'eau-forte, marge.

538. — **Massard** (J.). — *Gravelot* (Hubert), d'après La Tour, in-4. Très belle épreuve, marge.

539 — **Massé** (J.-B.). — *Coypel* (Antoine), d'après lui-même, in-folio. Belle épreuve.

540 — **Masson** (Ant.). — *Du Puy* (Alexandre), chevalier-marquis de Saint-André Montbrun (26). Très belle épreuve.

541. — *Frédéric Guillaume*, dit le grand électeur de Brande-bourg (R. D. 30). Très belle épreuve.

542. — Le même portrait. Belle épreuve.

543 — *Guise* (Marie de Lorraine, duchesse de), d'après Mi-gnard (32). Très belle épreuve avec le lapin.

544 — *Louis XIV*. Buste lauré (41). Très belle épreuve d'un portrait très rare.

545 — *Louis XIV*, roi de France, d'après Le Brun, in-folio. Très belle épreuve.

546. — **Méchel** (Chr. de). — *Washington* (le général), d'a-près N. Piehle, in-4. Très belle gravure.

547. — **Mecou**. — *Orléans* (Louise-Marie-Adélaïde de Bourbon Penthièvre, duchesse d') d'après Dumeray, in-4. Très belle épreuve.

548. — **Menard et Desenne** (A Paris, chez). — Portraits de personnages célèbres relatifs à l'histoire de France et d'Europe. Trois cent soixante-seize portraits in-8, en grande partie avant la lettre ou lettres grises, sur chine.

549 — **Metzmacher.** — *Agout* (Madame la comtesse d'), (Daniel Stern), d'après Lehmann, in-folio. Épreuve avant la lettre sur chine.

550 — **Michel** (J. B.). — *Voltaire* et *J. J. Rousseau*. Deux portraits in-4, faisant pendants. Très belles épreuves.

551 — **Miger** (S. C.). — *Pombal* (le marquis de), d'après C. Monnet, in-8. Très belle épreuve, marge.

552 — Madame *Victoire* de France, — Madame *Adélaïde* de France, tantes du roi. Deux portraits in-4, faisant pendants. Très belles épreuves.

553 — *Voltaire*, d'après Houdon, in-4. Très belle épreuve, marge.

554 — **Migneret** (A). — *Molière* (J. B. Coquelin de), d'après Mignard, in-8. Cent onze épreuves.

555 — **Mondhare** (chez). — *Marie-Antoinette d'Autriche*, reine de France et de Navarre, en habit de cour et le manteau royal, in-folio en pied. Rare.

556 — **Mondhare et autres.** — Carlin *Berlinazzi*, — J. L. *Bertin*, de l'Académie de musique, — Potier, — Brunet et Fleury. Cinq portraits en couleur.

557 — **Montcornet.** — *Condé* (Claire-Clémence de Maillé, princesse de), in-8. Belle épreuve. Rare.

558 — **Moreau** (J. M.). — *De La Borde* (J. B), premier valet de chambre ordinaire du roi, d'après Denon, in-4. Superbe et très rare épreuve avant toutes lettres, toute marge.

559 — Le même portrait. Superbe épreuve, toute marge.

560 — *Choiseul* (Et. Fr. duc de), (E. B. 2.). Superbe et très rare épreuve avant toutes lettres, avec toute sa marge.

561 — *La Ferté* (D. C. J. Papillon de), in-4. Très belle épreuve remargée.

562 — *Grétry* (A. E. M.), in-4. Très belle épreuve, grande marge.

563 — Le même portrait. Très belle épreuve.

566. — **Moreau.** — *Pineau* (D.), sculpteur, d'après Mérelle, in-8. Très belle épreuve, toute marge. -

565. — **Moreau** (d'après). — *Jarente de La Bruyère*, évêque d'Orléans, en tête de page pour le bréviaire d'Orléans, gravé par Voyez l'aîné. Superbe et rare épreuve avant la lettre, toute marge.

566. — *Louis XV*, en-tête pour une oraison funèbre, gravé par Lempereur. Très belle épreuve avant la lettre. -

567. — *Miromenil* (A. T. Hue, marquis-de), petit buste avec figures allégoriques ; dans le fond à gauche on aperçoit la ville de Rouen, in-8 en travers. Gravé par N. Le Mire. Superbe épreuve avant la lettre, marge.

568. — *Valenciennes* (P. H. de), par Saint-Aubin, in-8. Belle épreuve, marge.

569 — **Morghen** (B.) *Louis XVIII*, roi de France, in-8. Deux épreuves avant la lettre d'états différents.

570 — *Medicis* (Lorenzo de), d'après Vasari, in-folio.

571 — Domenico *Volpato Morghen*, d'après Kauffmann, in-8. Belle épreuve, marge.

572. — Domenico Volpato *Morghen*, d'après A. Kauffmann, in-8. Belle épreuve.

573 — **Morin** (J.). — *Rossu* (Honorine Grimberghe, comtesse de), in-folio. Belle épreuve.

574 — *Talon* (Omer), d'après Champagne (74). Belle épreuve.

575 — *Thou* (Christophe de), président au Parlement (78). Belle épreuve.

576 — *Vitré* (Ant.), imprimeur, d'après Champagne (R.D., 88). Très belle épreuve.

577. — **Morse.** — *Hoym* (le comte d'), d'après Rigaud, in-8. Très belle épreuve avant la lettre, sur chine.

578. — **Muller** (J.-G.), — *Wille* (Jean Georges), d'après J. B. Greuze, in-folio. Très belle épreuve.

579 — **Nanteuil** (R.). — *Amelot* (Messire Jacques) (R. D. 19). Belle épreuve.

580. **Nanteuil** (R.). — Charles de Lorraine, cinquième du nom, (R. D. 63). Superbe épreuve, marge.

581 — *Fouquet* (Messire Nicolas), (98). Belle épreuve.

582 — *Le Tellier* (Michel), ministre d'Etat. (R. D. 131). Très belle épreuve.

583 — *Mallier du Houssay*, d'après Vclu (167). Très belle épreuve.

584 — *Maridat de Serrières* (Pierre de), (168). Belle épreuve.

585 — Marie Jeanne Baptiste de Savoye, reine de Chypre (169). Belle épreuve.

586 — *Nesmond* (François Théodore de), président à mortier au Parlement de Paris. (R. D. 201). Très belle épreuve.

587 — **Nargeot.** — *Arnould* (Sophie), in-8, avant la lettre, marge.

588 — **Nattier** (d'après J. M.). — Madame Marie Henriette de France (le Feu),—Madame Marie-Louise-Thérèse, Victoire de France (l'Eau). Deux pièces gravées, par Gaillard et Tardieu. Très belles épreuves.

589 — **Naudet.**—*Levasseur* (Thérèse), femme de J.-J. Rousseau. In-4 à l'eau-forte. Très rare.

590 — **Née.** — J.-B. de *Laborde*, auteur de chansons, et le baron de *Zurlauben*, en regard sur un même cartouche ornementé, d'après Marillier. Superbe épreuve avant toutes lettres, marges.

591 — La même estampe, superbe épreuve avant le texte au verso, marge.

592 — **Neidel** (J.). — *Mozart*, d'après B. L. Prevost. In-4. Très belle épreuve, marge.

593 — **Neidel** (J.).— Le prince *Souvarow-Rimniksky*, d'après Kreutzinger. In-4. Belle épreuve.

594 — **Nicollet** (B. A.). — *Clemence* (Guillaume-Joseph), chanoine de l'église de Rouen, d'après Descamps. In-8. Belle épreuve.

591. — **Odieuvre** (A Paris, chez). — Portraits par divers graveurs publiés dans la suite d'Odieuvre et autres. Cent pièces.

592. — Portraits de femmes publiés dans la suite d'Odieuvre. Six pièces. Epreuves du premier état, avec l'adresse.

593. — **Pannier.** — *Malherbe*, — *Corneille*, — *Vauban*. Trois portraits. Epreuves d'artistes avant toutes lettres.

594. — M. *Thiers*. In-4. Avant toutes lettres, sur chine.

595. — **Pasquier** (J.-J.). — Pensée à la reine. Portrait de Marie Lecszinska dans une pensée. Pièce rare. Très belle épreuve avant la lettre.

600. — **Pauquet** et **Dupréel.** — *Bossuet* (J.-B.), évêque de Meaux, en pied, d'après Rigaud. In-8. Très rare épreuve à l'état d'eau-forte, marge.

601. — Le même portrait. Épreuve avant toutes lettres, terminée, marge.

602. — Le même portrait. Épreuve avant la lettre, avec le nom de Dupréel à la pointe.

603. — Le même portrait. Épreuve avant la lettre, avec les noms des artistes gravés.

604. — Le même portrait. Épreuve avec la lettre.

605. — *Buste de Virgile.* Deux épreuves avant la lettre, dont une à l'état d'eau-forte, marges.

606. — **Pfeiffer** (C.). — Diana, comtesse *Langeron*, — Albertina, marquise *Balleroi*, représentées dans un même médaillon, in-4. Très belle épreuve, marge.

607. — **Pian** (G. de). *Alfieri* (Vittorio). In-4. Belle épreuve, marge.

608-*bis*. — **Pitau** (N.). — *Fergent* (Alain), duc de Bretagne, — Arthur de Bretagne, comte de Richemont. Deux portraits in-fol, d'après Chaperon. Belles épreuves.

609 — *Habert de Montmor* (Henri-Louis), maître des requêtes au conseil du roi. In-fol. Belle épreuve.

610

610 — **Platte-Montagne** (N. de). — *Habert de Montmor* (Henri-Louis). In-fol. avant toutes lettres.

611 — **Poilly** (N. de). — *Marie-Thérèse d'Autriche*, reine de France, buste fort comme nature, d'après Beaubrun. Très belle épreuve.

612 — **Poilly** (F.). — *La Mothe-Houdancourt* (la maréchale de). In-fol. Très belle épreuve.

613 — **Porreau** (J.). — Carrier, — Talleyrand, — général Lucotte, — Mesmer, — Brissot de Warville, — Droz, etc. Dix-neuf portraits avant la lettre.

614 — **Pourvoyeur**. — *Montesquieu* (J.-B.-S. de). In-8 avant la lettre, sur chine. Dix-sept exemplaires.

615 — **Pradier**. — *Suard*, de l'Académie française. In-4 avant la lettre.

616 — **Prevost** (B.-L.). — *Miroménil* (A.-T. Hue, marquis de), d'après Cochin. In-4. Deux très belles épreuves.

617 — Sébastien *Le Clerc*. Buste au milieu de figures allégoriques, d'après Jombert fils. In-8, avec marge.

618 — *Washington* et les généraux américains de la guerre de l'indépendance. Onze portraits in-8. Très belles épreuves avant la lettre, toutes marges.

619 — **Prud'hon** (d'après P.-P.). — Le roi de Rome, gravé par Roger. In-4. Belle épreuve.

620 — **Pruneau** (N.). — *Haller* (Albertus). In-4. Très belle épreuve, marge.

621 — **Quenedey**. — Portraits de l'époque révolutionnaire, hommes et femmes. Quatre pièces.

622 — **Rajon** (P.). — Mrs *Baldwin*, d'après Reynolds. In-fol.

623 — **Ransonnette** (N.). — *Charles V*, dit le Sage, roi de France. In-8. Trois épreuves, dont une avant toutes lettres.

624 — **Rauld**. — *La Fontaine*, d'après Rigaud. In-8 pour les *Œuvres*, 1814. Très belle épreuve avec la tablette blanche. Trois exemplaires.

RÉVOLUTION

(PERSONNAGES DE L'ÉPOQUE DE LA)

625 — **Alix** (P.-M.). — *Beauharnais* (le prince Eugène de). In-fol. en couleur. Très belle épreuve.

626 — **Anonymes.** — *Charette* (le général). In-4 avant toutes lettres.

627 — Le Marquis *d'Estourmel*, — Le Marquis de *Ferrière-Marsay*, — Le Marquis de *Bonnay*, — A.-L.-H. de *Lafarre*, — Ph.-Jac. de *Bengy*, — Jean-Louis *Bernigaud de Grange*, — F.-J. *Ducelier*. Sept portraits in-8. Très belles épreuves. Rares.

628 — Mort courageuse de Fabre de l'Hérault. Très belle épreuve.

629 — Le Président *Jeannin*. In-4 en manière noire. Très belle épreuve, marge.

630 — *Juteau* (N.-L.), commissaire du gouvernement près le Tribunal criminel au Mans. In-4. Très belle épreuve, marge.

631 — *Mougins de Roquefort*, maire de la ville de Grasse et député à l'Assemblée nationale en 1789. In-8.

632 — *Pichegru* (le général), en buste dans un médaillon posé sur un cartouche, où il est représenté s'étranglant dans sa prison. In-4 en couleur. Très belle épreuve. Rare.

633 — *Rusca* (J.-B.), général de brigade. In-4 à l'eau-forte. Rare.

634 — L'Abbé Siéyès, — A. de Lameth, — Le Franc de Pompignan, — Guillotin, — M. Claye, — M. l'abbé Jallet. Sept portraits in-8. Rares.

635 — **Basset** (chez). — Portraits de députés à l'Assemblée nationale, médaillons avec ornementation au-dessus. Trente-huit portraits. Très belles épreuves, toutes marges.

636 — *Target* (G.-J.-B.). In-4 en bistre. Très belle épreuve, marge.

RÉVOLUTION

(PERSONNAGES DE L'ÉPOQUE DE LA)

637 — **Bolmey** (*Reymond*), joua un grand rôle pendant la Révolution dans le canton de Vaud. In-8. Rare.

638 — **Bonneville.** — Portraits de députés à l'Assemblée nationale, 1789. Soixante-deux pièces.

639 — **Briceau** (Angélique). — *Lepelletier* (P. Michel). In-fol. en couleur. Superbe épreuve, marge.

640 — **Coqueret.** — Omer *Joly de Fleury*, d'après Le Moine. In-fol. Très belle épreuve.

641 — **Dejabin** (chez). — Collection de portraits des députés à l'Assemblée nationale de 1789. Deux cent onze portraits. Très belles épreuves, toutes marges.

642 — Deux cents portraits de la même collection. Très belles épreuves, toutes marges.

643 — Deux cents portraits de la même collection. Très belles épreuves, toutes marges.

644 — Cinquante-deux portraits de la même suite. Très belles épreuves.

645 — **Divers.** — *Bergasse* (Nicolas). Quatre portraits différents in-8 et in-4.

646 — G. Cadoudal, — Dillon, — J.-B. Target, — Le Brun, Chapelier, — De Pompignan, — Gohier, etc. Neuf pièces.

647 — Duveyrier, — J. *Servan*, — Général Suzanne, — Hébrard de Fau, — Grossin de Bouville, — Guillotin, — Barrère, — Thouret, — Barnave, — Nicolas *Dumont*, — Bergasse, — Beauharnais, — Pichegru, — Rouget de Lisle, etc., etc. Trente-huit portraits.

648 — J. P. *Garran*, — G. Otto, — Lanjuinais, — Barrère, — V.-P. Malouet, — Chapelier, — Merlin, — Le duc d'Aiguillon, — P.-J. de Bengy, — Rabant de Saint-Étienne, — Louvet, — Lebrun, — Général Dampierre, — Le Baron de Marguerittes, etc., etc. Quarante-huit portraits.

RÉVOLUTION

(PERSONNAGES DE L'ÉPOQUE DE LA)

649 — Louis XVI et le duc d'Orléans. Vingt-cinq portraits différents.

650 — Pethion de Villeneuve, — Charlotte Corday, — J.-P. Marat, — Robespierre, — L'Abbé Siéyès, — Brival, — Menou, — Lameth, — L'Abbé Maury, etc. Vingt-neuf portraits.

651 — **Divers**. — Personnages célèbres de la Révolution. Cent quinze pièces.

652 — **Fiésinger**. — Portraits de députés à l'Assemblée nationale de 1789. Neuf pièces.

653 — **Gonard**. — Étienne *Mentor*, député de Saint-Domingue, — J.-A. *Perréau*, — *Gosselin*, du Nord, — *Thabaud*, de l'Indre, — *Gourdan*, de la Haute-Saône, — *Garreau*, de la Gironde, — *Jouenne*, du Calvados, — *Fourny*, de l'Orne, — *Guillard*, d'Eure-et-Loir, — *Couturier*, de la Moselle, *Delamarre*, de l'Oise. Onze portraits in-18. Belles épreuves.

654 — **Henriquez**. — *Target* (J.-B.), d'après Boze. In-fol. Belle épreuve.

655 — **Levachez** (Chez). — Collection générale des portraits de MM. les députés à l'Assemblée nationale, tenue à Versailles le 4 mai 1789. Deux cent vingt-neuf portraits. Très belles épreuves en grande partie à toutes marges.

656 — **Levachez et Duplessis-Bertaux**. — Portraits tirés des *Tableaux de la Révolution*. Dix-neuf pièces.

657 — **Mariage**. — *Blin* (F.-P.), député de Nantes à l'Assemblée nationale. In-8. Très belle épreuve.

658 — **Mechel**. — *Buonaparte* (le général). In-8. Belle épreuve, marge.

659 — **Miger**. — *Quinette* (N.-M.), député du département de l'Aisne. In-4. Belle épreuve.

660 — **Quenedey et Chrétien**, Portraits de personnages célèbres de la Révolution, dessinés au physionotrace et

gravés par Quenedey et Chrétien. Cent soixante-quatorze pièces plusieurs sont imprimées en couleur. Très rare.

661 — **Rugendas.** — *Moreau* (le général). In-fol. en couleur. Très belle épreuve.

662 — **Ruotte.** — *Palloy* (P.-F.), d'après Mlle Pantin. In-4. Belle épreuve.

663 — **Vérité et Borgny.** — Portraits de députés à l'Assemblée nationale. Quarante-deux pièces.

664 — **Violet** (P.).— *Charton* (Louis), manufacturier d'étoffes et draps, électeur et membre de la Commune de Paris en 1789. In-8 à l'eau-forte. Très belle épreuve.

665 — **Reynolds** (d'après sir J.). — *Malmsbury* (lord), par Caroline Watson. In-fol. Belle épreuve.

666 — *Rutland* (Mary-Isabella, duchesse de). In-fol. Très belle épreuve.

667 — John *Ash*, par Bartolozzi. In-fol. en pied. Belle épreuve.

668 — **Richomme et Leisnier.** — Marc-Antoine *Raimondi*, célèbre graveur. Deux portraits différents d'après Raphaël. Très belle épreuve sur chine, dont une avant la lettre.

669 — **Romanet** (A.). — Louis Seize, roi de France, d'après Bounière. In-fol. Belle épreuve.

670 — **Ruotte** (Ch.). — Gustave III, roi de Suède. In-fol. Belle épreuve.

671 — Louis XVI, Marie-Antoinette et le Dauphin, d'après Sauvage. In-8. Très belle épreuve, marge.

672 — **Saint-Aubin** (Aug. de). — *Baumé* (Antoine), d'après Cochin (E. B. 13), — *Blanchet* (François) (22), — *Bosquillon* (Ed.-F.-M), d'après Isabey (27), — *Buffon* (31). Quatre portraits in-8 et in-4. Belles épreuves.

673 — *Blanchard* (Esprit-Joseph-Antoine), d'après Cochin (21). Deux très belles épreuves, dont une du premier état à l'eau-forte pure.

674 — *Crébillon* (Prosper-Jolyot de), d'après Le Moine (61),

— J. de *Crébillon* fils (63), — *D'Alembert* et *Diderot* (65).
Trois portraits in-4 et in-8. Très belles épreuves.

672 — **Saint-Aubin** (Aug. de). — *D'Anville* (Jean-Baptiste
Bourguignon), d'après Duvivier (66). Très belle épreuve
du troisième état, avant le nom du personnage en lettres
grises sur la tablette blanche.

673 — *Daubenton* (Jean-Louis-Marie), d'après Sauvage (67).
In-8. Épreuves avant la lettre.

674 — *De Brosses* (Charles), d'après Cochin (68), — *De Far-
cieux* (Antoine), d'après Cochin (70), — *Dolomieu*
(Déodat de) (74), — *Dumont* (Jacques, dit le Romain) (77),
d'après Cochin. Quatre portraits in-8 et in-4. Belles
épreuves.

675 — *Fénelon*, d'après Vivien (79). Très belle épreuve avant
la lettre, plus une épreuve avec la lettre. Deux pièces.

676 — *Franklin* (Benjamin), d'après Cochin (85). Deux
épreuves et la copie en contrepartie.

680 — *Gessner* (89), — *Gluck* (91). Deux épreuves. — *Jeliote*
(Pierre), d'après Cochin (110), — *Jombert* (Charles-Antoine),
d'après Cochin (112). Deux épreuves. Six portraits in-8
et in-4. Belles épreuves.

681 — *Gessner* (Salomon), — *Franklin* (Benjamin), — *Buffon*.
Trois portraits in-4. — Très belles épreuves.

682 — *Gluck* (91). Très belle épreuve, toutes marges.

683 — *Languet de Gergy* (J.-B. J.), ancien curé de Saint-
Sulpice (118), Deux épreuves. — *De Larive*, d'après
Sauvage (119). Trois pièces. Belles épreuves.

684 — *Le Blanc* (Jean-Baptiste), d'après Cochin (124). Trois
épreuves d'états différents : 1er avant la lettre, 2e avant
l'adresse et avant les mots : historiographe des bâtiments
du roy, 3e avec l'adresse de Bligny.

685 — *Le Blond* (Guillaume), d'après Cochin (125), — *Linguet* (Simon N.-H.) (134). Deux épreuves. — Autre portrait
de *Linguet* (136). Deux épreuves. En tout cinq portraits.
Très belles épreuves.

Saint-Aubin (Aug. de). — *Linguet* (Simon-Nicolas-Henri), buste au milieu de figures allégoriques (E. B. 136). Superbe épreuve, toutes marges.

— *Lorry* (Anne-Charles), d'après Cochin (137), — *Louis XVI* (148). Deux épreuves. — *Sully* (Jean-Baptiste), d'après Cochin (155), trois épreuves, — *Marmontel*, d'après Cochin (172). Sept portraits in-8 et in-4. Très belles épreuves.

— Louis XVI, Marie-Antoinette et le Dauphin, d'après Sauvage (153). Rare épreuve du 3e état, avec les vers et les mots : A l'immortalité.

— *Mancini-Nivernais*, — *Marmontel*, — Antoine de *Parcieux*, — G.-J. de *L'Epine*. Quatre portraits in-8 et in-4. Belles épreuves.

— *Molé* (François-René), d'après Aubry. In-4. Belle épreuve.

— *Monnet* (Jean), d'après Cochin (183). Quatre épreuves.

— *Montalembert* (Marc-René de), d'après De la Tour. In-4.

— *Moreau le Jeune* (J.-M.), d'après Cochin. In-8 (194). Superbe épreuve. Rare.

— *Morand* (Salvador-François), d'après Cochin (193), — *Necker* (Jacques) (198), — *Pellerin* (Joseph) (207), deux épreuves, — *Philidor* (André-Danican), d'après Cochin (210). Cinq pièces. Très belles épreuves.

— *Necker*, d'après Duplessis. In-fol. Belle épreuve.

— *Pierre* (Jean-Baptiste-Marie), d'après Cochin (215). Très rare épreuve à l'eau-forte pure.

— *Pierre* (J.-B -M.), d'après Cochin (215), deux épreuves, — *Pigalle* (Jean-Baptiste), d'après Cochin (216), — *Piron* (Alexis) (218). Cinq portraits. Très belles épreuves.

— *Radix* (Claude-Mathieu), d'après Cochin (228). Épreuve avant toutes lettres.

— *Radix* (Claude-Mathieu) (228), — *Roettiers* (Jacques), d'après Cochin (238), — *Roetthiers* (Joseph-Charles), d'après Cochin (239), — *Lavalette de Buchelay*, d'après Cochin (251). Quatre portraits. Très belles épreuves.

Saint-Aubin (Aug. de). — *Renouard* (la famille) (235). Superbe épreuve, sur chine.

700. — *Voltaire, Fréron et La Beaumelle*, frontispice du Commentaire sur la Henriade (269). Très rare épreuve du deuxième état avant que le nom de Fréron ait été écrit entièrement.

701. — *Swieten* (Gérard, L. B. van), gravé par Pruneau (355). Épreuve avant toutes lettres, non terminé, plus une épreuve avec la lettre. Deux pièces.

702. — Portraits faisant partie de la suite de la Société académique des Enfants d'Apollon, d'après Cochin et Moreau. Neuf pièces. Très belles épreuves ; un est avant la lettre.

703. — Portraits d'auteurs du xviiie siècle et personnages célèbres publiés par Renouard. Cent trois portraits divers en épreuves avant ou avec la lettre.

704. — **Sardi et Minatelli.** — Personnages célèbres de la Révolution. Soixante-dix-sept portraits. In-8 avec marges.

705. — **Savart** (P.). — *D'Alembert* (Jean Le Rond), d'après Mlle Lusurier (f. 1). Superbe et très rare épreuve du premier état avant toutes lettres.

707 — *D'Alembert* (J.), d'après Mlle Luzurier. Très belle épreuve.

708. — *Bayle* (Pierre) (f. 2). Superbe épreuve avant la lettre, marge.

709. — *Boileau Despréaux* (Nicolas), d'après Rigaud. In-8. Très belle épreuve du premier état.

710. — *Boileau Despréaux* (Nicolas), d'après Rigaud (5). Épreuve du deuxième état.

711. — *Buffon* (Georges-Louis-Leclerc, comte de), d'après Drouais (9). Belle épreuve.

712. — *Catinat* (Nicolas de) (10). Belle épreuve, marge.

713. — *Colbert* (Jean-Baptiste), d'après Champaigne (14). Première épreuve avec l'adresse Barrière Fontarabie.

714. — Le même portrait. Épreuve avec l'adresse de la rue Percée, sur chine.

715 — **Savart** (P.). — *Colbert*, d'après Champagne. Très belle épreuve.

716 — *Condé* (Louis de Bourbon, prince de), d'après le Juste, Belle épreuve.

717 — *Fontenelle* (Bernard de) (20). Épreuve avec l'entourage effacé.

718 — *Fontenelle*, d'après Lemoine. Très belle épreuve.

719 — *Livry* (Nicolas de), d'après L. Tocqué (22). Épreuve du quatrième état, avec le bas-relief.

720 — Le même portrait. Épreuve du cinquième état, le bas-relief effacé.

721 — *Marie-Antoinette*, reine de France, — *Louis XVI*, roi de France (f. 25 et 26). Deux portraits in-32 faisant pendants. Superbes épreuves de la plus grande rareté, avec marges.

722 — *Rabelais* (François), d'après Sarrabat (29). Superbe épreuve, marge.

723 — Racine, — La Bruyère, — D'Alembert, — Rabelais, — Fontenelle, — Colbert. Six portraits.

724 — *Saugrain*, libraire. In-8. Très belle épreuve.

725 — Torquato *Tasso* (34). Très belle épreuve.

726 — Torquato *Tasso*. In-8. Très belle épreuve, marge.

727 — **Say** (W.). — *Canning* (le très honorable G.), d'après Lawrence. In-fol. Très belle épreuve, marge.

728 — **Schley**. — *Picart* (Bernard). In-fol. Belle épreuve.

729 — **Schmidt** (G. F.). — *De La Tour* (M. Q. de), d'après lui-même. In-fol. Très belle épreuve.

730 — *Mignard* (P.), premier peintre du Roi, d'après Rigaud. In fol. Très belle épreuve.

731 — **Schuppen** (P. Van). — *Harouys* (Guill.), seigneur de la Seilleraye, d'après F. de Troy. In-fol. Très belle épreuve.

732 — De La Haye (Franciscus), médecin. In-8. Très belle épreuve.

733 — **Schuppen** (P. Van). — *Louis XIV*, roi de France, d'après Mignard. In-fol. Belle épreuve.

734 — Louis dauphin de France, fils de Louis XIV, in-fol., d'après de Troy. Très belle épreuve.

735 — *Mazarin* (le cardinal), d'après Mignard. In-fol. Très belle épreuve.

736 — **Schuppen, Crepy et Cossin.** — *Thaumassière* (Thomas de), — *Baudrand* (Michel-Antoine), — *Doujat* (Jean). Trois portraits in-fol. Belles épreuves.

737 — **Schweyer** (J. P.) et autres. — *Hohenlohe* (F. L. prince de), lieutenant-général de l'armée prussienne à Iéna, — Don Rafael Diego, — le feld-maréchal Radetzky. Trois portraits in-fol.

738 — **Sergent.** — *Marie-Thérèse Charlotte* de France, fille du roi Louis XVI. In-fol. en couleur. Superbe épreuve, marge.

739 — *Necker*, d'après Duplessis. In-4 en couleur. Très belle épreuve.

740 — **Simonneau** (Ch.). *Orléans* (Élizabeth-Charlotte, palatine du Rhin, duchesse d'), d'après Rigaud. In-fol. Très belle épreuve.

741 — Le même portrait. Superbe épreuve.

742 — **Simonneau et Vermeulen.** — *Mesnager* (Nicolas), — *Léonard* (F.). Deux portraits d'après Rigaud. Belles épreuves.

743 — **Smith** (W.). — *Smith* (W.), d'après Spicer. In-8. Très belle épreuve, marge.

744 — **Soliman.** — *Boileau*, d'après Rigaud. In-8. Trente-deux épreuves avant la lettre et quinze avec la lettre.

745 — *Molière* (J. B. Poquelin de), d'après Frilley. in-8. Quarante épreuves avant la lettre et cinq avec la lettre.

746 — **Tardieu** (J. N.). *Bon de Boullongne*, peintre du Roi, d'après G. Allou. In-fol. Belle épreuve.

747 — *Loudon* (Josué, comte de). In-4. Belle épreuve avec marge.

748. — **Tardieu** (Alex.). — *De la Pérouse* (Jean-François Galaup). In-4. Très belle épreuve, marge.

749. — Le même portrait. Très belle épreuve avant la lettre.

750. — *Montesquieu*, d'après Chaudet. In-4. Avant la lettre. Très belle épreuve.

751. — **Tardieu** (Ambroise). — Savants et célébrités diverses. Vingt pièces.

752. — **Tardieu et Langlois**. — Charles XII, — Louis XIV, — Louis XV, — D'Alembert, — Pierre 1er, — Le comte d'Argental, — Voltaire, — Turgot, — Henri IV, — Charles VII, — Le comte de Dunois, — Jeanne d'Arc, etc. Vingt-neuf portraits in-8 pour l'illustration du Voltaire. Edition de Kell. Très belles épreuves dont plusieurs avant la lettre.

753. — **Trière**. — *Fénelon*, d'après Vivien. In-8. Très belle épreuve avant la lettre, marge.

754. — **Trouvain**. — *Le Tourneux* (Nicolas), prêtre, prieur de Villers, d'après Compardel. In-8. Très belle épreuve, marge.

755. — **Turner** (C.). — *Wellesley* (Richard marquis de), d'après Lavrence. In-fol. Belle épreuve.

756 — **Vangelisty** (V.). — *Delille* (J.), d'après Pujos. In-fol. Belle épreuve, toute marge.

757. — **Vasquez** et autres. — Personnages célèbres d'Espagne. Dix portraits in-fol. Belles épreuves.

758 — **Vermeulen**. — *Este* (Isabelle d'), marquise de Mantoue, sœur de Lucrèce Borgia. In-fol. Très belle épreuve avant la lettre.

759 — *Louis XIV*, d'après Gueslin. In-fol. Très belle épreuve.

760 — *Latude* (Henri Masers de). In-fol. Belle épreuve.

761. — *Louis XVI et Marie-Antoinette*. Deux portraits in-18 faisant pendants, publiés chez Blaisot à Versailles.

762. — **Villeneuve**. — *J. J. Rousseau*, dans un médaillon rond ; en regard, sur la même feuille, la vue de son tombeau. In-8 en couleur. Très belle épreuve. Rare.

763. — **Villeneuve**. — *Roland* (J. M.), ministre de l'intérieur. In-18. Belle épreuve.

764 — **Vincent** (d'après). — *Linguet*, petit buste au milieu de figures allégoriques, gravé par Aug. de Saint-Aubin. In-8. Très belle épreuve, marge.

765 — **Venkeles et Claessens**. Titres et portraits pour l'histoire de la Révolution. Cent quatre pièces.

766. — **Vinsac et Gounod**. — *Faivre* (J.-B.-L.), architecte, d'après Wicar, — *De Sales* (J. Del.), d'après Pujos. In-4. Belles épreuves.

767 — **Visscher**. — *Orange* (Louise de Nassau, princesse d'), d'après Hondthorst. In-fol. Très belle épreuve avant le numéro.

768 — *L'Antiquaire*, d'après Le Corrège. Très belle épreuve avant la lettre.

769 — **Visscher** (N. de). — *Orléans* (Marie-Louise d'), reine d'Espagne. In-fol. Belle épreuve.

770 — **Voyez le jeune**. — *Corneille* (Pierre). In-18. Quatre épreuves avec marges.

771 — *Marie-Antoinette*, dauphine de France. In-8. Belle épreuve.

772 — **Watteau** (d'après Ant.). — Son portrait, gravé à l'eau-forte par Boucher. In-fol. Très belle épreuve.

773 — *Watteau* (Antoine). In-4. Très belle épreuve, marge.

774 — **Weber Saint-Eve et Pannier**. — Jules Romain, — Canova, — Philippe de Champagne, — Andrea del Sarte, — Flaxman, — G. Edelinck. Six portraits in-4. Belles épreuves.

775 — **Wille** (J.-G.). — Charles, prince de Galles, d'après Tocqué. In-fol. Très belle épreuve.

776 — *Saint-Florentin* (Louis-Phelypeaux, comte de), d'après Tocqué. Très belle épreuve.

777 — **Zucchi** (F.). — *Davila*, auteur de l'*Histoire des guerres civiles*, d'après Marietti. In-fol. Très belle épreuve.

ESTAMPES

Adresses. — Carte adresse de la marquise des Rolands, gravée par P.-P. Choffard, 1771. Très rare épreuve avant la lettre, marge.

— Raphael Maria de Aguilar Y Santillan. Carte de visite gravée par P.-P. Choffard en 1789, imprimée en bistre, très belle épreuve. Rare.

— Adresse de Périer, marchand-quaincaillier, par G. de Saint-Aubin. (P. de B. 24.) Superbe épreuve. Très rare.

— Carte-adresse de la veuve Merlen, gravée par Roger, d'après Prud'hon. Très belle et rare épreuve, du premier état, avec l'adresse de Palais-Égalité et avant les travaux sous l'inscription qui dans l'état suivant a été entièrement changée; marge.

— Au Compas des génies, Meurand, ingénieur pour les instruments de mathématique, rue Saint-Louis-au-Palais. Très belle épreuve. Rare.

— Charles Cahier, orfèvre du roi, de Monsieur, frère du roi, du garde-meuble, etc., rue Saint-Honoré, 283. Très belle épreuve. Rare.

— Dalencour, ingénieur-géographe et graveur, dessine, grave et entreprend le plan, la carte, etc., dessiné et gravé par lui. Très belle épreuve. Rare.

— Solennité des mariages, d'après Cochin, gravé par Tardieu. Très belle épreuve.

— VIIᵉ Pot-pourri ou caprice pour le piano-forté, par D. Steibelt, gravé par M. Oger, titre-prospectus. Très belle épreuve. Rare.

— Feuille de Terpsichore ou journal composé d'ouvertures, d'airs arrangés et d'airs avec accompagnement pour clavecin. Prospectus. Très belle épreuve. Rare.

788 — **Adresses**. — Cartes de visite de Christine, reine de Suède, — M. Jourdan, — Roche, lampiste fabricant, — M. d'Haudricourt, quatre pièces. Rare.

789 — Ex-libris, quatre pièces. Très belles épreuves. Rares.

790 — **Aldegraver** (H). — Loth sortant de Sodome avec sa famille (B., 16). Très belle épreuve.

791 — Trois pièces de l'histoire de Joseph (B., 18, 19 et 20). Très belles épreuves.

792 — L'alphabet romain (B., 206). Très belle épreuve.

793 — **Alibert** (A Paris, chez). — Le devant, — Le derrière. Deux pièces faisant pendants, en couleur. Très belles épreuves. Toutes marges.

794 — **Alix** (P.-M.). — Le triomphe de la République, d'après Boissieux, en couleur. Très belle épreuve.

795 — **Altdorfer** (Albert). — Jésus-Christ et la Vierge, 1519. (B.) Très belle épreuve.

796 — Saint Georges (B., 20). Très belle épreuve.

797 — **Amiconi** (d'après). — Les cris de Londres, six pièces gravées par Child. Belles épreuves.

798 — **Anonymes**. — Scènes de brigandage sous Louis XIV. Treize pièces. Très belles épreuves.

799 — Vue de la place de Grève, le jour de la prise de la Bastille, en couleur.

800 — Couronnement de l'illustre Coutelier Présole au théâtre de la Gaicté, le 19 Prairial an 10. Pièce satyrique imprimée en bistre. Rare.

801 — **Aubert** (d'après L.). — Le dessein, par Duflos. Belle épreuve, marge.

802 — Déclaration des droits de l'homme, d'après de Machy, en couleur. Très belle épreuve.

803 — **Basset** (Chez). — Le grand café d'Alexandre sur les boulevards de Paris, — Globe aérostatique de MM. Charles et Robert au moment de leur départ du jardin des Tui-

leries, le 1er décembre 1783, — Vue perspective du sallon de l'Académie royale de peinture et de sculpture au Louvre de Paris. Trois pièces coloriées. Rares.

804 — **Baudouin** (d'après P.-A.). — Les amants surpris, par P.-P. Choffard. Belle épreuve, marge.

805 — Les amours champêtres, par P.-P. Choffard. Belle épreuve.

806 — La même estampe. Belle épreuve, toute marge.

807 — Le couché de la mariée, par Moreau et Simonet. Très belle épreuve.

808 — La même estampe, superbe et rare épreuve avant toutes lettres.

809 — L'épouse indiscrète, par N. De Launay. Très belle épreuve.

810 — La même estampe, Très belle épreuve.

811 — Le fruit de l'amour secret, par Voyez Junior. Très belle épreuve.

812 — Le modèle honnête, par Moreau et Simonet. Superbe épreuve, marge.

813 — La sentinelle en défaut, par N. De Launay. Très belle épreuve.

814 — La soirée des Tuileries, par Simonet. Très belle épreuve.

815 — La Toilette, par N. Ponce. Belle épreuve.

816 — Qu'est là ? — Ji vais. Deux pièces gravées en couleur par le Marin. Belles épreuves.

817 — **Beham** (H.-S.). — Jésus-Christ et la Samaritaine (B., 24). Bonne épreuve.

818 — Adam et Eve assis ensemble (5). — Lucrèce (B., 79). Deux pièces. Copies.

819 — La fortune contraire (B., 144). Très belle épreuve.

820 — Le Triomphe (B., 143). Très belle épreuve.

821 *Bois* **Beham** (H. S.). — La jeune femme accompagnée d'un bouffon, 1541 (B., 149). Très belle épreuve.

822 *Bois* Paysan et Paysanne (B., 183). Belle épreuve.

823 *Bois* Les deux bouffons (B., 213). Très belle épreuve du premier état, avant que la manche du bouffon à gauche ait été rayée.

824 *Bois* Vignette au mascaron, 1544 (228). Très belle épreuve.

825 *Bois* L'alphabet romain, 1545 (B., 229). Très belle épreuve.

826 *Bois* Le petit bouffon, 1542 (230). Très belle épreuve.

827 *Bois* Le Mascaron, 1543 (B., 231). Très belle épreuve avec une petite marge.

828 *Bois* Les deux Génies, 1544 (B., 236). Belle épreuve.

829 *Bois* Armoiries d'imagination, 1544 (B., 255). Très belle épreuve.

830 *Bois* **Beham, Aldegraver et autres.** — Adam et Ève. — Ecce homo, — La fuite en Égypte, — Loth et ses filles, etc. Huit pièces.

831 — **Benazech.** — Le prix de l'Agriculture, — Le couronnement de la rosière. Deux pièces en couleur faisant pendants. Belles épreuves.

832 — **Bellicard** (C). — Loge des changes de Lyon, d'après Soufflot. Très belle épreuve, marge.

833 — **Berghem et K. Dujardin.** — Quinze pièces de l'œuvre de ces deux maîtres.

834 — **Bertaux.** — Silvain. Deux pièces. Belles épreuves, marges.

835 *Del* **Bertinot.** — Van Dyck (Ant.), d'après lui-même. Très belle épreuve avant la lettre, sur chine.

836 *Del* Mgr Darboy, achevêque de Paris, d'après Lehmann. Épreuve avant la lettre, sur chine.

837 — **Beuvelot** (Chez). — Règle pour le droit de patente, décrété par l'Assemblée nationale. Coloriée.

838 *Bois* **Bink** (J.). — La décollation de saint Jean-Baptiste (B., 15). Belle épreuve.

839 — **Biot** (Gustave). — Le triomphe de Galathée, d'après Raphaël. Superbe épreuve d'artiste, sur chine.

840 — **Boilly** (L.). — Réjouissances publiques. Belle épreuve, marge.

841 — **Boilly** (d'après). — La Serinette, — Que n'y est-il encore. Deux pièces gravées par Petit et Honoré. Très belles épreuves avant la lettre.

842 — Marche incroyable, par Bonnefoy. Très belle et ancienne épreuve.

843 — Les hommes se disputent, — Les femmes se battent. Deux pièces faisant pendants, gravées par Chaponnier. Belles épreuves, marges.

844 — La surprise agréable, par Mixelle. Belle épreuve, marge.

845 — **Bonnart.** — Costumes. Six pièces. Très belles épreuves.

846 — **Bonnart, Trouvain et Saint-Jean.** — Portraits, costumes, métiers, etc. Cinquante-trois pièces. Très belles épreuves. Rares.

847 — Costumes, par Huret, Bonnart, Callot, etc. Trente-quatre pièces.

848 — Les métiers de Rome. Cinq pièces.

849 — **Bonnet.** — The Amiable family, — The Amiable Society. Deux pièces en couleur faisant pendants, d'après Hambert. Très belles épreuves. Rares.

850 — Portrait d'homme, représenté en buste de profil à gauche, en bas, une tablette avec vers. In-4°. Belle épreuve.

851 — **Borel** (d'après A.). — Deux jeunes femmes couchées sur un lit se fouettant avec des roses. Composition avec encadrement et tablette ornementée. Sous le trait carré au-dessus de la tablette, on lit à droite, en caractères tracés à la pointe : *Borel inv. et del.*, à gauche : *A. Giraud le jeune, aqua forti.* Pièce très rare, à l'état d'eau-forte.

852 — La faute est faite, permettez qu'il la répare, par Anselin. Très belle et rare épreuve avant toutes lettres.

853 *Lar.* **Bosse** (A.). — La Joye de la France (1226). Très belle épreuve.

854 *Lar.* Une femme debout tient dans la main gauche un éventail (1357). Très belle épreuve, les vers du bas coupés.

855 *Lar.* Le mariage à la campagne, suite de trois pièces (1380-1382). Très belles épreuves.

856 *Lar.* Le Maître et la Maîtresse d'école (1389-1390). Deux pièces. Belles épreuves avec l'adresse de Le Blond.

857 *Lar.* Les métiers. Suite de sept pièces (1391-1397). Très belles épreuves avec les adresses de Le Blond et Melchior Tavernier.

858 *Lar.* Un Français debout, l'épée à la main (1407). Très belle épreuve.

859 *Lar.* La visite de l'accouchée, — Le retour du baptême. Deux pièces. Belles épreuves.

860 *Lar.* Loger les pèlerins, — Ensevelir les morts, — Vestir les nus, — Les vierges sages, etc. Sept pièces.

861 *Lar.* Une femme debout montre du doigt une caisse dans laquelle elle va serrer une robe qui est à côté d'elle, gravé par Huret (21). Belle épreuve.

862 — **Boucher** (D'après). — La Balançoire, — Pescheurs. Deux pièces. Belles épreuves.

863 — **Boucher** (D'après F.). — Les charmes de la vie champêtre, par J. Daullé. Bonne épreuve.

864 — Étude, gravé par Fessard. Belle épreuve.

865 — Frontispice, gravé par Huquier. Très belle épreuve. Marge.

866 — La marchande de modes, par R. Gaillard. Très belle épreuve. Marge.

867 — Le pasteur complaisant, — Le pasteur galant, — L'amour modeste, — La belle villageoise. Quatre pièces gravées par Aveline, Michel et Laurent. Belles épreuves.

868 — La petite école, par Bonnet. Belle épreuve.

869 — Le pêcheur, par Chedel. Belle épreuve.

870 — **Boucher et Vanloo** (D'après). La chasse à l'ours, — La chasse au tigre. Deux pièces faisant pendants, gravées par J.-J. Flipart. Très belles épreuves avec marges, une est sur chine.

871 — **Boullonnois**. — Récit véritable de ce qui c'est passée aux port de la Grève à Paris, le 3e aoust 1645. (Le Meunier Prict à l'anneau.) Très belle épreuve. Rare.

872 — **Bourtrois** (Ph.). — Femmes d'aujourd'hui, femmes d'autrefois, d'après Gaule. En couleur.

873 — **Bracquemond**. — Nuit d'orage. Épreuve avant la lettre, sur japon, signée du graveur.

874 — Le haut d'un battant de porte. Épreuve avant la lettre, sur chine.

875 — Portrait de Théophile Gautier. Épreuve avant la lettre, sur chine.

876 — **Bracquemond, Rajon et Laurens, etc.** — Portrait du peintre Legros, — La femme au chapeau de paille, d'après Rubens, — Tête de Vieillard, d'après Rembrandt, etc., etc. Cinq pièces, dont deux avant la lettre.

877 — **Brandoin** (D'après). — Exposition à l'Académie royale, à Londres, en 1772, par R. Earlom. Très belle et rare épreuve avant la lettre.

878 — **Brandoin et Collet** (D'après). Costumes anglais, Douze pièces. Très belles épreuves, marges.

879 — **Brunet-Debaisne**. — Paysages. Six pièces. Épreuves avant la lettre.

880 — **Bry** (J.-Th. de). Le triomphe de Bacchus. — Fond de coupe (copie). Deux pièces. Très belles épreuves.

881 — **Buhot** (Félix). — Études et croquis. Cinq pièces.

882 — **Bunbury** (D'après H.). A. Barbers Shop, gravé par J. Jones. Très belle épreuve. Rare.

882 bis — **Callot** (J.). — Les supplices (M., 665). Très belle épreuve.

882 bis — **Callot** (J.). — La vue du Pont neuf, — Les supplices, — Les Martyrs du Japon, — Les exercices militaires, — Parterre du Palais de Nancy, — Le combat à la barrière, etc. Vingt-cinq pièces.

883 — **Canot** (D'après). — Le souhait de la bonne année au grand papa, — Le gateau des rois. Deux pièces gravées par J.-Ph. Le Bas. Bonnes épreuves.

884 — **Canu**. — Céladon et Célie. Belle épreuve. Marge.

885 — **Caricatures**. — Caricatures par Gillray, Crushand et autres. Caricatures politiques sur Napoléon, etc. Quatre-vingt-onze pièces, reliées en 1 vol. In-fol. oblong.

886 — Caricatures par Gillray Bowles et autres. Soixante-quinze pièces en 1 vol. In-fol. cart.

887 — Caricatures par Gillray et autres artistes anglais, incroyables, costumes militaires et civils de l'époque de la révolution, etc., etc. Deux cent soixante-treize pièces reliées en 1 vol. grand in-fol.

888 — Le bon genre, — Caricatures parisiennes, — Le goût du jour, etc. Dix pièces.

889 — Suite et effets du mariage de M. Richelet, — Fi donc, — Incroyable, — M. et Mme Denis à la promenade, — M. Denis s'émancipant, — L'anguille de Melun, — Le lendemain des noces de M. et Mme Denis, etc. Huit pièces.

890 — Galerie du Palais-Royal, — Les Patineurs anglais, — Paris tel qu'il est, Il faut des contrastes, — Les Bacchantes modernes, — Les valets de chambre russes faisant la toilette de leur jeune officier. Six pièces.

891 — La Joyeuse sortie, — La Contre révolution. Deux pièces.

892 bis — Suite de caricatures en noir et en couleur, sur la première révolution. Soixante-trois pièces.

893 bis — Le Sabot Corse en pleine déroute, — Le Collin-Maillard, — La dernière cuvée. Trois pièces.

894 — Caricatures diverses. Vingt pièces très rares.

895 — **Carmontelle** (d'après). — La Malheureuse famille Calas, par Delafosse. Très belle épreuve, grande marge.

896 — L'Amoureux de quinze ans, par Crepy. Très belle épreuve, marge.

897 — **Caylus.** — La fontaine de Saint-Innocent. Très belle épreuve d'une pièce rare.

898 — **Chaigneau, Leloir, Delacroix,** etc. — Le Parc aux moutons, — Les Arabes au camp, — Joueurs d'échecs, — Abside de Saint-Julien le Pauvre, etc. Sept pièces.

899 — **Challe** (D'après). — Le Gascon puni, par Lindor de Toulouse. Très belle épreuve.

900 — Le Modèle disposé, par Chaponnier. Très belle épreuve.

901 — Le Panier renversé, par Beisson. Belle épreuve.

902 — Le premier baiser de l'amour, par Le Grand. Belle épreuve.

903 — **Chardin** (D'après S.). — Jeune dessinateur, par J. Faber. (28). Très belle épreuve.

904 — **Chapuy** (J.-B.). — Barrière des champs Elysées. Premier May donné à la ville de Paris, par l'Assemblée nationale, qui supprime tous les droits d'entrées aux barrières. En couleur, très belle épreuve.

905 — Vue perspective du champ de Mars, jour du serment civique prononcé par la nation française assemblée à Paris, le 14 juillet 1790. D'après Le Roy. En couleur, très belle épreuve.

906 — **Cochin** (D'après C.-N.). — Hommage aux arts, allégorie; en haut, le portrait de *Marie-Antoinette,* dans un médaillon supporté par des amours, gravé par Prevost. Belle épreuve, sans marge.

907 — La Mandragore, — Le Savetier. Deux pièces pour les contes de La Fontaine, in-4. Très belles épreuves, marges.

908 — La petite charrière en couche, gravé par Saint-Non. Très belle épreuve.

909 — **Cochin** (d'après). — Frontispice de l'*Encyclopédie*, par B.-L. Prevost. Belle épreuve.

910 — **Coquelet** (D'après). — Le galant Boulanger, par Halbou. Belle épreuve.

911 — **Corot**. — Paysage, pour les poésies d'E. Roche. Très rare épreuve du deuxième État, avec le nom mal indiqué. Sur chine.

912 — Souvenir de Toscane. Épreuve avant la lettre.

913 — **Costumes**. — Costumes parisiens (de la Mésengère). deux cent quatre-vingt six pièces.

An 13	14 pièces.	1814	27 pièces.
1806	16 —	1815	26 —
1807	18 —	1816	18 —
1808	18 —	1817	14 —
1810	24 —	1818	17 —
1811	19 —	1819	18 —
1812	15 —	1820	16 —
		1821 et 1822	26 —

914 — **Couché**. — L'Amour quêteur, — L'Amour volage. Deux pièces. Belles épreuves.

915 — **Cosway** (D'après). — Mrs Tickell, par John Condé. In-fol. en pied. Belle épreuve, marge.

916 — **Courtry, Laguillermie, Martinez**, etc. — Paysages et sujets de genre, d'après Corot, Troyon, Millet, Cabanel, etc. Quatorze pièces. Epreuves avant la lettre, sur chine.

917 — **Coypel** (Ant.). — Pan vaincu par les amours (R. D., 10). Très belle épreuve du premier état, avant l'année 1692.

918 — **Coypel** (D'après Ch.). — M. de Pourceaugnac, — George Dandin, — Les femmes savantes. Trois pièces tirées des comédies de Molière, gravées par Coypel. Belles épreuves.

919 — L'École des femmes, — Georges Dandin, — M. de Pourceaugnac. Trois pièces tirées des comédies de Molière, gravées par Jollain. Belles épreuves.

920 — **Coypel** (d'après Ch.). — Mme D... en habit de bal, gravé par Surugue. Très belle épreuve.

921 — **Crepy** (Chez). — Le pressant serment. En couleur. Belle épreuve.

922 — **Dandré-Bardon** (D'après). — Scène d'opéra, par Gaillard. Superbe épreuve avant la lettre. Rare.

923 — **Daubigny**. — Le passage du Gué, — Les Vendanges, — Parc aux moutons. Trois pièces. Premières épreuves avant la lettre, signées par l'artiste.

924 — Paysages, — Le Printemps, etc. Cinq pièces. Quatre sont avant la lettre.

925 — Eaux-fortes. Vingt pièces dans la couverture de publication. Épreuves avant la lettre, sur chine.

926 — **Daullé** (J.) **et Massart**. — Le Mariage de sainte Catherine, d'après C. Maratte, — Sainte Cécile, d'après Raphaël, — Sainte Marguerite. Trois pièces.

927 — **Debucourt** (P.-L.). — La Coquette et ses filles, ou une mère à la mode. Très belle épreuve.

928 — Unité, — Fraternité, — Liberté, — Égalité. Quatre pièces. Très belles épreuves.

929 — Illumination de la grande cascade de Saint-Cloud, — Feu d'artifice à l'Arc-de-Triomphe de l'Étoile. Deux pièces faisant pendants. Belles épreuves.

930 — Ligne, — La Séparation pendant une nuit d'hiver, — L'Orage, — Berceau de Paul et Virginie, — Premiers pas de Paul et Virginie. Cinq pièces, en noir et en couleur.

931 — Les Aveugles, d'après Vernet. En couleur. Très belle épreuve.

932 — Le Gourmand, — Le Chiffonnier, d'après Vernet. Deux pièces.

933 — **Debucourt** (d'après). — Le Juge ou la Cruche cassée, par Le Veau. Très belle épreuve.

934 — **Delacroix** (Eug.). — Tigre couché dans le désert. Épreuve avec le nom de l'artiste à la pointe et avant le nom de Delâtre.

933 — **Delvaux et Ingouf.** — Boileau, — François Maynard, — Joly, — Montfleury. Quatre portraits in-8. Belles épreuves.

933 — **Demarteau.** — La Vierge et l'Enfant, d'après Boucher (208). Belle épreuve.

933 — La Sultane, — l'Anglais. Deux pièces gravées à la sanguine, d'après Courtois (335-339). Très belles épreuves. Rares.

933 — Jeunes femmes représentées en buste, d'après Courtois (315 et 316). Deux pièces faisant pendants, à la sanguine. Très belles épreuves. Rares.

933 — Jeunes femmes en buste, avec chapeau sur la tête; d'après Courtois (317-318). Deux pièces faisant pendants. Très-belles épreuvee.

940 — Vénus couchée sur un Dauphin, à la sanguine, d'après Boucher (88). Très belle épreuve.

941 — **Demarteau et Bonnet.** — Le Triomphe d'Ariane, — La Leçon de flûte, — Nymphes au bain. Trois pièces en couleur. Belles épreuves.

942 — **Demortain** (Chez). — Entrée de Louis XIV, roi de France et de Navarre, dans la ville de Reims, pour y être sacré. In-fol. Belle épreuve.

943 — **Demeulemester.** — La Vierge au coussin vert, d'après A. Solario. Épreuves avant la lettre.

944 — **Deny** (Chez). Le Rendez-vous de chasse. Belle épreuve.

945 — Le Lacet racourci, — Le Vérou ou la Sûreté des amants, Deux pièces coloriées.

946 — **Desrais.** — Ce que j'étais, ce que je suis, ce que je devrais être. Deux pièces faisant pendants. Très belles épreuves, coloriées.

947 — **Detaille.** — Lancier, — un Cuirassier. Deux pièces. Epreuves avant la lettre, plus une seconde épreuve du cuirassier, d'un état unique avec une seconde tête de cuirassier, la tête en bas.

948 — **Didier** (A.). — L'Ame, d'après Prud'hon. Épreuve avant la lettre, sur chine.

949 — **Divers**. — Le moine Sergius tué par Mahomet, — Adieux de Louis XVI à sa famille, — Les Regrets, etc., etc. Neufs pièces.

950 — Portraits et vignettes diverses. Paysages et sujets galants. Vingt pièces.

951 — Vües de France, lithographies. Vingt et une pièces.

952 — L'ami de Rembrandt, — Frontispice de l'*Encyclopédie*, — Le Bouvier, — Création d'Eve, — Angélique et Médor, — La femme jalouse, — Portraits et sujets divers. Dix-neuf pièces.

953 — **Dralling** (D'après). — Le charbonnier, — L'amant Multier. Deux pièces gravées par Maradan.

954 — **Drouais** (D'après). — Le comte d'Artois et Madame montés sur une chèvre gravé par Beauvarlet. Très belle épreuve, marge.

955 — **Dugoure** (D'après J. D.). — Le lever de la mariée, par Ph. Trière. Très belle épreuve.

956 — **Duplessis-Bertaux**. — Revue de Quintidi, — Campagne d'Italie d'après Vernet. Deux pièces. Très rares épreuves à l'état d'eau-forte.

957 — Le 28 février 1791. Journée des poignards. Belle épreuve. Rare.

958 — Entrée de Sa Majesté Louis XVIII à Paris. Très rare épreuve avant la lettre, à l'état d'eau-forte.

959 — **Durer** (Albert). — Six pièces de la passion de Jésus-Christ, — L'homme de douleurs (3), — Jésus-Christ en prières au mont des Oliviers (4), — La flagellation (8), — Jésus-Christ mis au tombeau (15), — La descente aux limbes (16), — La Résurrection (17). Belles épreuves.

960 — Jésus-Christ en prières au jardin des oliviers (B., 19). Très belle épreuve, marge.

961 — La face de Jésus-Christ. (B. 25). Très belle épreuve.

962 — **Durer** (Albert). — La Vierge à la couronne d'étoiles et au sceptre (B. 32). Très belle épreuve.

963 — La Vierge allaitant l'enfant Jésus. (B. 34). Bonne épreuve.

964 — Saint Sébastien attaché à un arbre. (B. 55). Très belle épreuve.

965 — Saint Eustache ou saint Hubert (B. 57). Superbe épreuve.

966 — Saint Antoine (B. 58). Très belle épreuve.

967 — La Véronique (64), — Saint Jérôme (62), — Le jugement de Pâris (65). Trois pièces des copies de Pétrark.

968 — Les trois génies (B. 66). Belle épreuve.

969 — La sorcière (B. 67). Belle épreuve.

970 — L'enlèvement d'Amymone (B. 71). Très belle épreuve.

971 — Les trois paysans (B. 86). Belle épreuve.

972 — L'assemblée des gens de guerre (B. 88). Belle épreuve.

973 — Albert de Mayence, vu de profil (B. 102). Belle épreuve.

974 — La Vierge et l'enfant Jésus, — Le Persan et sa femme, — Les armoiries à la tête de mort, — Le grand cheval, — Les offres d'amour, — La Vierge couronnée par deux anges (bois). Six pièces.

975 — Le canon, — Le paysan du marché, — Le ravissement d'une jeune femme. Trois pièces. Belles épreuves.

976 — L'Annonciation (B. 83), — La mort de la Vierge (93). Deux pièces gravées sur bois. Epreuve avant le texte au verso.

977 — Portrait d'un homme gravé sur bois par Van Sichem d'après Goltzius (B. 6. 126. 3). Titres et frontispice de livres. Trois pièces sur bois.

978 — **Durer et Beham**. — Jésus chassant les vendeurs du Temple, — Le portement de croix, — La cène, — Jésus présenté au peuple, — La Vierge et l'enfant Jésus. Cinq pièces gravées sur bois. Belles épreuves.

979 — **Durer et L. de Leyde**. — Dix-sept pièces. Copies.

980 — **Earlom** (R.). — A Newfoundland dog Saving a child from drovoning, — The child restor'd to his family, by the Newfound lang dog. Deux pièces faisant pendants, d'après Eclestein. Très belles épreuves, marges.

981 — **Ecole flamande et hollandaise.** — Sous ce numéro, il sera vendu par lots deux portefeuilles d'estampes d'après Téniers, Ostade, Rubens, Wouvermans, Berghem, Van Dyck, etc., etc.

982 — **Ecole anglaise.** — Les amants surpris et son pendant. Deux pièces.

983 — Courses et accidents de courses. Huit pièces en couleur.

984 — Course et chasses par Newhouse, Alken, Turner, etc. Vingt-neuf pièces.

985 — **Ecole moderne.** — Sous ce numéro, il sera vendu un fort lot d'eaux-fortes et sujets de genre, par Chauvel Murray, Appian, Flameng, Oudart, Greux, Mathieu, Lalanne, Lecouteux, Veyrassat, Buhot, Huet, Jazet, J. Hereau, Lalauze, Le Rat, Unger, etc., etc.

986 — Attila saisi d'effroi à l'apparition des apôtres saint Pierre et saint Paul, d'après Raphaël, — Christ en croix, d'après Van Dyck, — Tête de femme d'après L. de Vinci, — Jean-Baptiste de La Salle, d'après Colin, — Mazeppa, d'après Vernet, — La Esmeralda, d'après Steuben, — Les sybilles, d'après Raphaël, etc. Neuf pièces gravées par Bertin, Jazet, Manigard, Leroy, Devachez, etc.

987 — **Ecole française XVIIIe siècle.** — Le coucher des ouvrières en modes, — Bienfaisance du roi, — Renaud et Armide. Trois pièces d'après Lavreince, Monnet et Le Barbier, une est avant la lettre.

988 — Estampes d'après Challe, Gillot, Julien, Jazet, Lancret, Alix, etc. Huit pièces.

989 — Portraits et gravures diverses. Quinze pièces.

990 — Portraits de Marie-Antoinette, par Gaucher, Cathelin, Queverdo et autres. Huit pièces.

991 — **Ecole française du XVIIIᵉ siècle.**— Estampes d'après Moreau, Greuze, Descourtis, etc. Onze pièces.

992 — M. R., l'âne comme il n'y en a point. Belle épreuve, marge.

993 — Frontispice avec allégorie religieuse. Très rare épreuve à l'état d'eau-forte.

994 — Portrait de l'homme au masque de fer, — Allégorie sur Marie-Antoinette, — Henri IV exhumé, — Le tombeau de Voltaire, etc. Sept pièces.

995 — Costumes, portraits et sujets divers. Quatorze pièces. Très belles épreuves.

996 — Marie-Antoinette sous la figure de Thémis, les traits que la rage lance contre elle vienent ce briser contre l'Egide de la sagesse qui la protége, etc, — Au coq-André rue de la Grande-Tuanderie, — Trois têtes sous le même bonnet. Trois pièces.

997 — Sept cent cinquante m'écrasent, — Testament de Louis XVI, — Tronc national des Dames françaises, — The Windsor Hog. Quatre pièces.

998 — Trait de l'histoire de France du 21 au 25 juin 1791, ou la métamorphose, gravé à l'eau-forte. Très belle épreuve, marge.

999 — Estampes d'après Boucher, Huet, Debucourt, etc. Vingt-six pièces en noir et en couleur.

1000 — Portraits et gravures d'après Gravelot, Wateau, etc. Douze pièces.

1001 — L'Enfance, — Les trois Grâces, — Les Folâtres, — La Jeunesse, — Le Jeu de cache-cache-mi-tou-la, — Les Folâtres, — Les Lorgneurs amoureux, — Philis surprise au bain, — L'Amant pressé, — Les Amants surpris, etc. Quinze pièces rares. Très belles épreuves, grandes marges.

1002 — Pastorales. Deux pièces de forme ovale, faisant pendants. Très rares épreuves avant la lettre, à l'état d'eau-forte.

1003 — **Eisen** (d'après Ch.). — La Dame de charité, par Voyez l'aîné. Très belle épreuve, marge.

1004 — **Flameng** (L.). — Jésus guérisant les malades. Pièce dite aux cent florins, d'après Rembrandt. Très rare épreuve d'essai, sur japon.

1005 — La Ronde de nuit, d'après Rembrandt. Très rare épreuve d'essai sur japon.

1006 — La Peste de Marseille, d'après De Troy. Deux épreuves, dont une avant toutes lettres, sur chine.

1007 — La Stratonice, d'après Ingres. Épreuve avant la lettre, sur chine.

1008 — La Vérité et l'Amour. Très belle épreuve avant toutes lettres sur chine, signée du graveur.

1009 — Capitaine Burton, d'après Leighton., — Mᵐᵉ Pasca, d'après Bonnat, etc. Six pièces. Épreuves avant la lettre.

1010 — Portrait de Rembrandt, — Portraits de M. et Mᵐᵉ Day, d'après Rembrandt. Trois pièces. Très belles épreuves avant la lettre.

1011 — **Fokke** (S.). — Représentation de la cérémonie du mariage de S. A. S. M. le Prince de Nassau Weilburg, avec S. A. S. Mᵐᵉ la Princesse Caroline d'Orange Nassau, célébré mercredi le 5 mars 1760, dans l'église cathédrale de la Haye, d'après Hag. Très belle épreuve, marge.

1012 — **Fragonard** (d'après H.). — Annette à l'âge de quinze ans, — Annette à l'âge de vingt ans. Deux pièces faisant pendants, gravées par Godefroy. Très belles épreuves.

1013 — La Bonne mère, par N. Delaunay. Très belle épreuve.

1014 — La Cachette découverte, par N. Delaunay. Très belle épreuve, marge.

1015 — La Famille du fermier, par Beauvarlet. Superbe épreuve avant toutes lettres.

1016 — La Gimblette, par Bertony. Belle épreuve.

1017 — **Freudeberg** (d'après). — L'Évènement au bal, par Duclos et Ingouf. Très belle épreuve.

1018 — **Freudeberg** (d'après). — L'Occupation, par Lingée. Superbe épreuve avant le numéro, toute marge.

1019 — La Matinée. Bonne épreuve.

1020 — La Gaieté conjugale, — La Félicité villageoise. Deux pièces gravées par N. Delaunay. Bonnes épreuves.

1021 — **Freudeberg**. — Costumes suisses. Sept pièces.

1022 — **Freudeberg** ? (d'après). La Leçon de clavecin, en couleur. Superbe épreuve. Très rare.

1023 — Gaillard (F.). La Vierge, d'après Botticelli. Très belle épreuve avant la lettre, sur chine.

1024 — Monseigneur Pie, Évêque de Poitiers. Épreuve avant toutes lettres, sur chine.

1025 — **Gaucher**. — Hommages rendus à la mémoire de Mirabeau, d'après Grœnia. Belle épreuve.

1026 — Gaucherel. — Portrait, paysages et marines. Quatre pièces. Épreuves avant la lettre.

1027 — Gaultier (L.). — Le Jugement dernier, d'après Michel-Ange. Superbe épreuve du premier état, avant l'adresse de Mariette.

1028 — Gavarni. — Les Douze mois, dernière œuvre de Gavarni. Douze pièces, gravures sur bois.

1029 — **Gellée** (Claude). Le Retour des champs, — La Tempête, — Le Troupeau en marche par un temps orageux. Quatre pièces dont une double.

1030 — **Gillot** (Cl). — Scènes de théâtre et scènes champêtres. Neuf pièces gravées à l'eau-forte par Caylus. Belles épreuves, marges.

1031 — Miracles sur le tombeau du diacre Paris, — Portrait de François de Paris, Diacre, sans noms d'artistes. Deux pièces. Belles épreuves.

1032 — **Gillot et Bernard Picart**. — Pièces historiques et satyriques sur les systèmes de Law. Cinq pièces. Très belles épreuves. Rares.

1033 — **Gillray** (J.). — Dilettanti Theatrical, — A great
Man on the Turf, — Inspecting a volunter Corps in Hyde
Park, — The three Mrs Wiggins's, — A Master of cere-
monies, — The Bulstrode Siren, etc. Douze pièces en
couleur

1034 — The grand coronation procession of Napoleone the 1er
emperor of France from the church of Notre-Dame 1804,
— Uncorking old Sherry, — End of the vrish farce of
catholic emancipation, — The Woundel Lion, — The
theatrice Bubble. etc. Sept pièces.

1035 — **Gillray et Smith.** — Posting in Scotland, — A
Cockney et his wife Going to wycombe, — Elements of
skating, — Palmon and Lavinio, — Posting in Irland,
— Harmony before Matrimony, etc. Dix pièces en
couleur.

1036 — **Girardet.** — Le Champ de mai. Très belle épreuve
ayant la lettre, à l'état d'eau-forte, marge.

1037 — Le Champ de mai, 1815. Épreuve avant toutes lettres,
à l'état d'eau-forte, marge.

1038 — **Greuze** (d'après J. B.). — Thaïs ou la belle péni-
tente. Superbe épreuve avant toutes lettres.

1039 — La petite Fille au chien, par Porporati, — L'Oiseau
mort, par Flipart. Deux pièces.

1040 — La petite Fille au capucin, par Ingouf. Belle épreuve.

1041 — **Guyot.** — Le prince Lambesc aux Tuileries, le
12 juillet 1789, en couleur.

1042 — **Hainz.** — Séparation de Louis XVI d'avec sa
famille. In-fol. en hauteur. Épreuve avant la lettre.

1043 — **Harriet** (d'après F. J.). — Le Thé parisien, par
Godefroy. Très belle épreuve en couleur, marge.

1044 — **Hickel** (d'après). — *Pitt* (le très honorable W.),
gravé en couleur par Young. In-fol. en couleur. Très belle
épreuve.

1045 — **Hoin** (d'après). — L'Écueil de la sagesse, — Le Prélude amoureux, par De Monchy. Deux pièces faisant pendants. Très belles épreuves, toutes marges.

1046 — **Hondius** (d'après). — La Chasse au sanglier, — Chasse à l'ours. Deux pièces faisant pendants, gravées par Rehn et Chenu. Belles épreuves.

1047 — **Huber**. — Voltaire et ses amis à table, pièce gravée à l'eau-forte. Deux épreuves dont une avant la lettre, marge.

1048 — **Huet** (d'après). — L'Amant écouté, gravé en couleur par Bonnet. Très belle épreuve.

1049 — Ce qui est bon à prendre est bon à garder, par Chaponnier. Superbe épreuve avant la lettre, toutes marges.

1050 — **Huet et Davesne** (d'après). — Les Cerises, — L'Aveugle trompé, — L'Amant pressant. Trois pièces en couleur. Belles épreuves.

1051 — **Incroyables**. — L'Anarchiste, je les trompe tous deux, — La Science du jour. Deux pièces.

1052 — Les Incroyables, — Les Merveilleuses, — Les Croyables au Tripot, — La Danse des croyables du temps passé, — Les Croyables au Pérou. Cinq pièces. Belles épreuves.

1053 — Arrivée des remplaçants, 1814. Très belle épreuve avant la lettre.

1054 — Le Trente-un, ou la maison de prêt sur nantissement, par L. Darcis, d'après Guerain. Belle épreuve.

1055 — **Ingouf**. — Zemire et Azor. Épreuve avant toutes lettres.

1056 — **Jacque**. — Essais et croquis. Huit pièces.

1057 — **Jacques** (d'après Ch). — Album de sujets rustiques, d'après les tableaux et les dessins de Ch. Jacque, par Adrien Lavieille.

1058 — **Jacquemart** (J.). — Défilé des populations Lorraines, devant S. M. l'Impératrice à Nancy. Superbe épreuve avant la lettre.

1059 — **Jacquemart** (J.). — Les Amateurs d'estampes, d'après Meissonier. Épreuve avant la lettre, imprimée en bistre, sur chine.

1060 — Rêve d'amour, d'après Greuze. Épreuve du premier état avant la lettre. *10*

1061 — Le Soldat et la Fillette qui rit, d'après Vander Meer. Épreuve avant la lettre sur chine. *20*

1062 — Exécution au Japon. Épreuve avant la lettre, sur japon.

1063 — Frontispice de la Société des aquafortistes. Épreuve du premier tirage avant les adresses de l'éditeur et de l'imprimeur.

1064 — Les Éléments. Suite de six pièces avec titre et frontispice. Épreuve avec le nom de Delatre comme imprimeur.

1065 — L'Infante Isabelle, d'après S. de Vos. Très belle épreuve avant la lettre. *10*

1066 — Armes et planches des *femmes et joyaux*. Trois pièces dont une sur japon.

1067 — Mort de Matamore, — Le Lapin, — Une Oie, etc. Quatre pièces. *15*

1068 — **Janinet** (F.). — L'Aveu difficile, d'après Lawreince en couleur. Très belle épreuve. *3 f*

1069 — Sommeil de Vénus, d'après Charlier, en couleur. Très belle épreuve.

1070 — Le Sommeil de Vénus, en couleur, d'après Charlier. Superbe épreuve avant toutes lettres. *3 f*

1071 — Projet d'un monument à ériger pour le roi, d'après Moreau et de Varennes. En couleur. Très belle épreuve.

1072 — Fête au cabaret, d'après Ostade. Superbe épreuve avant la lettre, en couleur.

1073 — Fête de Bacchus, — Amusement de Bacchus. Deux pièces en couleur. Belles épreuves.

1074 — Liberté, — Égalité. Deux pièces d'après Moitte. Belles épreuves.

1075 — **Janinet** (F.) — 1re vue de Paris, prise du Pont-Royal, d'après de Machy, en couleur. Superbe épreuve.

1076 — **Janinet et Le Campion.** — Monuments et hôtels de Paris. Sept pièces.

1077 — **Janinet et Descourtis.** — Première chute de Staubbach, — Vue du Gros-Horn et du Breit-Horn avec le petit lac d'Ober-horn, — Glacier supérieur de la vallée du Grindelwald, — Glacier de Rosenlaui dans le pays de Hasly, — L'Hopital sur le Grimsel, — Glacier de Lauteraar. Cinq pièces en couleur, d'après Wolff. Très belles épreuves, marges.

1078 bis — **Janinet, Guyot et Campion.** — Vues de Paris et des principaux monuments, d'après Testard, Durand, Sergent, etc. Vingt-cinq pièces en couleur. Très belles épreuves.

1079 — **Jeaurat** (d'après). — La Vieillesse, par Lépicié. Belle épreuve, marge.

1080 — **Jèrome.** — Un Fumeur oriental, eau-forte. Très belle épreuve, sur japon.

1081 — **Jollain** (d'après). — Le Bain, gravé en couleur par Bonnet. Très belle épreuve.

1082 bis — **Keapseake.** — Paysages, vues de ville et de monuments d'Europe, publiés à Londres vers 1840. Cent-six pièces.

1083 — **La Chapelle** (G.). — Costumes de femmes orientales. Suite de douze pièces. Très belles épreuves.

1084 bis — **Lalauze.** — Les Courses, d'après Green. Epreuve avant la lettre, sur japon.

1085 bis — **Lami et Monnier.** — Voyage en Angleterre. Vingt-quatre planches avec texte. Superbe exemplaire, en livraisons.

1086 — **Lancret** (d'après). — Le Matin, par de Larmessin. Belle épreuve.

1087 — A femme avare, galant escroc, par de Larmessin. Très belle épreuve avant l'adresse de Guldlet, marge.

1087 bis

1039 — **Lancret** (d'après). — La Servante justifiée, par de Larmessin. Belle épreuve avant l'adresse de Buldet.

1089 — Les Troqueurs, par de Larmessin. Belle épreuve avant l'adresse de Buldet.

1090 — **Langendick** (d'après). — Costumes hollandais. Six pièces.

1091 — **Langlois** (P. G.) — L'Éducation badine, d'après Schalcken. Belle épreuve, toute marge.

1092 — **Lantara** (d'après). — Profitons du moment, par Évine Claris. Très belle épreuve, toutes marges.

1093 — **Laugier** — La Belle jardinière, d'après Raphaël. Épreuve avant la lettre sur chine.

1094 — **Lavreince** (d'après Nicolas). — L'Aveu difficile, — La Comparaison. Deux pièces faisant pendants, gravées en couleur, par Janinet. Superbes épreuves, montées en dessin.

1095 — La Balançoire mystérieuse, par Vidal. Superbe épreuve, toute marge.

1096 — L'Heureux moment, par N. de Launay. Très belle épreuve.

1097 — L'Hiver, — Le Printemps, — L'Été, — L'Automne. Suite de quatre pièces gravées en couleur et publiées chez Vidal. Belles épreuves.

1098 — Le Lever des ouvrières en modes. — Le Coucher des ouvrières en modes. Deux pièces faisant pendants, gravées par Dequevauviller. Très belles épreuves.

1099 — La Marchande à la trilette, par Vidal. Très belle épreuve.

1100 — Qu'en dit l'abbé? par N. de Launay. Très belle épreuve.

1101 — The green Plot, — The Grove. Deux pièces faisant pendants. Très belles épreuves, marge.

1102 — Le Séducteur. (E. B. 7 des pièces attribuées). Très belle et rare épreuve à l'état d'eau-forte, marge.

1103 — **Le Bel** (d'après E.). — Le Coup de vent, par Ab. Girardet. Superbe épreuve avant la lettre, toutes marges.

1104 — **Le Clerc** (d'après). — Histoire de l'Enfant prodigue. Suite de quatre pièces gravées par Basan Gaillard et Teuches. Belles épreuves.

1105 — **Le Cœur.** — Scènes galantes. Cinq sujets sur une même feuille en couleur. Très belle épreuve, marge.

1106 — **Lecouteux.** — La Bohémienne, d'après Franz Hals. Épreuve avant toutes lettres, sur Japon.

1107 — **Legros.** — Le Chœur d'une église espagnole. Très belle épreuve.

1108 — Paysannes Bolonnaises. Très belle épreuve.

1109 — **Lélu** (P.). — Aux mânes de Mirabeau mort le 2 avril 1791. Allégorie; en bas, le portrait de Mirabeau en place d'armoiries. Très belle épreuve, marge.

1110 — **Le Paon** (d'après L.). Revue de la maison du Roi au Trou d'enfer, par J. P. le Bas. Superbe épreuve avant la lettre, marge.

1111 — **Le Père et Avaulez** (chez). — Les Médecins botaniste et minéralogiste écrasés par le médecin à la mode. Pièce rare. Très belle épreuve.

1112 — **Lepicié** (Renée Elisabeth Marlié). — Le Cuisinier flamand, d'après Teniers. Belle épreuve, marge.

1113 — **Le Rat.** — Scène de la guerre de 1870 d'après E. Bayard. Épreuve avant la lettre, sur chine.

1114 — **Leroy** (J.). — Déclaration des droits de l'homme et du citoyen, en couleur.

1115 — **Lespinasse** (d'après). — Vue de Paris. Épreuve à l'état d'eau-forte.

1116 — **Lespinasse** (d'après le chevalier de). — Vues de France, tirées du *Voyage de Delaborde*. Huit pièces.

1117 — **Le Veau** (J-J.). — Vues des environs d'Utrecht, d'après Versteegs. Quatre pièces. Très belles épreuves, marges.

1118 — **Leyde** (Lucas de). — La Résurrection de Lazare. (B., 42). Ancienne épreuve.

1119 — La Vierge avec l'enfant Jésus, assise dans un paysage. (B. 84). Copie.

1120 — Tentation de saint Antoine. (B. 117). Ancienne épreuve.

1121 — Saint Gérard Sagrédius. (B., 119). Très belle épreuve

1122 — Tête d'un guerrier (B., 160). Très belle épreuve.

1123 — Joseph expliquant les songes, — Le Chirurgien, — La Femme à la biche, — Caïn tuant Abel, — Saint Joachim et sainte Anne, — Le poète Virgile, — Loth et ses filles, — Sujets de la Passion. Treize pièces.

1124 — **Leys** (H.). — Arias Montanus et Jean Moret chez l'imprimeur Plantin. Très belle épreuve.

1125 — **Loutherbourg** (P. J.). — Les quatre heures du jour. Quatre pièces. Belles épreuves.

1126 — **Louvion** (J. B.). — L'ordre et la marche des puissances coalisées contre la France. Très belle épreuve.

1127 — **Maître au Maillet.** — Le Triomphe de Vénus, pièce de forme ronde. Belle épreuve.

1128 — **Maîtres anonymes de l'école allemande.** — Adam et Ève chassé du Paradis terrestre, — La Visitation — Vénus et l'Amour. Trois pièces. Très belles épreuves.

1129 — **Manet** (Ed.). — Danseuse espagnole. Très belle épreuve.

1130 — **Martial** (P.) — Vues de Paris gravées à l'eau-forte. Vingt-cinq pièces.

1131 — **Martinet** (chez). — Les Délices du Marais (Caffé Turc). Pièce en couleur. Très belle épreuve. Rare.

1132 — **Martinet** (Achille). — Rembrandt, d'aprèslui-même. Épreuve sur chine.

1133 — **Martini.** — Coup d'œil exact de l'arrangement des peintures au salon du Louvre en 1785. Très belle épreuve.

1134 — **Masquelier** (L. J.). — Monument à la gloire du Roi et de la France, d'après Touzé. Belle épreuve, marge.

1135 — **Mechel** (C. de). — Les derniers adieux de Louis XVI à sa famille. Belle épreuve, marge.

1136 — **Meissonier**. — Le Rapport. Très belle épreuve.

1137 — **Meissonier** (d'après). — Bibliophile dans son cabinet, gravé par Le Rat. Très rare épreuve du premier état à l'eau-forte pure.

1138 — Une faction, par Gaucherel. Épreuve avant la lettre.

1139 — **Meryon** (Ch.). — Le Pont au Change (48). Superbe épreuve avec : C. Meryon del. sculp. MDCCCLIV : à droite, l'adresse de l'imprimeur. Dans les nuages, un ballon portant le mot : speranza.

1140 — Le Petit Pont. Très belle épreuve avant la lettre.

1141 — La Tour de l'horloge. Épreuve avant la lettre, avec les initiales C. M. au haut de la droite, sur chine.

1142 — Titre des eaux-fortes sur Paris, — La petite pompe Notre-Dame, — Vue de Paris d'après Zeeman, — Océanie, Ilots à Uvea. Quatre pièces.

1143 — Viete (François). Très belle épreuve, sur chine.

1144 — **Michelin**. — Paysages. Royat 1861. Deux pièces. Belles épreuves.

1145 — **Millet** (J. F.). — Jeune mère donnant la bouillie à son enfant. Très belle épreuve.

1146 — La Cardeuse. Très belle épreuve.

1147 — La grande Bergère. Très belle épreuve.

1148 — La Fileuse au fuseau. Très belle épreuve.

1149 — La Femme vidant son seau, sur bois. Très belle épreuve, japon.

1150 — **Milius**. — La Reine Artémise, d'après Rembrandt. Épreuve avant toutes lettres, sur japon.

1151 — **Mitchell** (J.-A.). — Vue de l'Opéra, à Paris. Epreuve avant la lettre.

1152 — **Monnier et Grandville.** — Pasquinades, — Les Métamorphoses du jour, — Un Café, — Récréation, — Impressions de voyage, etc., etc.

1153 — **Monsaldy et Devisme.** — Vue des ouvrages de peinture des artistes vivants, exposés au Muséum Central des Arts, en l'an VIII de la République Française. Très belle épreuve.

1154 — **Moreau** (J.-M.). — Constitution de l'Assemblée nationale et Serment des Députés qui la composent à Versailles, le 17 juin 1789. Très belle épreuve du premier état, avec les noms des membres de cette assemblée au bas de la composition.

1155 — Tombeau de Jean-Jacques Rousseau. Belle épreuve, marge.

1156 — Le Festin royal, — Le Bal masqué. Deux pièces faisant pendants. Belles épreuves.

1157 — **Moreau** (D'après J.-M.). — Couronnement de Voltaire sur le Théâtre-Français, le 30 mars 1778, après la sixième représention d'Irène, gravé par Gaucher. Très belle épreuve avec les armes et la dédicace à madame la marquise de Villette.

1158 — Arrivée de J.-J. Rousseau aux Champs-Élysées, par C.-F. Macret. Très rare épreuve du premier état, à l'état d'eau-forte.

1159 — La Source abondante, d'après Vernet (E. B. 238). Très rare épreuve du premier état, à l'eau-forte pure.

1160 — Le Gâteau des Rois, par Le Mire. Très belle épreuve.

1161 — La Déclaration de la Grossesse, par P.-A. Martini. Très belle épreuve avant la lettre.

1162 — La Déclaration de la Grossesse, par Martini. Très belle épreuve avec les lettres A. P. D. R. Marge.

1163 — Les Précautions, par Martini. Très belle épreuve avec les lettres A. P. D. R. Marge.

1164 — La Rencontre au bois de Boulogne, par Guttenberg. Superbe épreuve, toute marge.

1165. **Moreau** (d'après J.-M.). — La Rencontre au bois de Boulogne, réduction in-8. Très belle épreuve avant toutes lettres.

1166 — Le Rendez-vous pour Marly, par Guttenberg. Très belle épreuve avec les lettres A. P. D. R. Marge.

1167. Le Lever, par L. Halbou, 1781. Très belle épreuve avant la lettre.

1168 — **Morland** (D'après G.). — The fair penitent, — The Tavern Door, — The Virtuous Parent, — Dressing for the Masquerade, — The Elopement, — Domestic Happiness. Suite de six pièces, gravées par Bartolotti. Très belles épreuves.

1169 — **Natoire** (D'après Ch.). — Les Éléments. Suite de quatre pièces, gravées par Aveline et J.-B. Perroneau. Très belles épreuves.

1170 — **Naudet.** — La Grande voltige sur les chevaux, au théâtre Franconi, en couleur. Belle épreuve.

1171. **Nielles.** — Arabesques symétriques, avec une Chimère ailée tenant un voile (D. 357). Copie par un petit maître allemand du commencement du XVIe siècle.

1172. L'Adoration des Mages. Pièce cintrée. Belle épreuve; Collection E. Durant.

1173. La Nativité, — L'Annonciation, — L'Ecce Homo. Trois pièces.

1174 — **Nixon.** — Marche incroyable. Pièce en forme de frise. Très belle épreuve. Rare.

1175. — **Nordquist** (D'après P.). — Caffe-Beslaget, gravé à l'aqua-tinte, par M. Heland. Belle épreuve.

1176 — **Ostade et C. Du Sart.** — La Fête de village, — La Danse au Cabaret, — Le Joueur de Violon. Cinq pièces.

1177. — **Oudry** (D'après J.-B.). — La Chienne Braque avec toute sa famille, par J. Daullé. Très belle épreuve.

1178 — **Parelle** (D'après). — La Belle Jambe, par Gilbert. Belle épreuve, marge.

1179 — **Paroy** (Le comte de). — Jeune Fille à mi-corps, tenant de ses deux mains un fichu sur sa poitrine, in-4° de forme ovale. Très rare épreuve avant toutes lettres, à l'état d'eau-forte.

1180 — **Paroy** (Le comte de). — Portrait de Femme, en buste, de forme ovale. Rare épreuve à l'état d'eau-forte.

1181 — **Pater** (D'après J.-B.). — Le Roman Comique de Scarron. Suite de quatorze pièces, gravées par Surugue Père et fils, Lépicié et Audran. Superbes épreuves avec l'adresse de Surugue, marges.

1182 — Le Baiser donné, par Fillœul. Très belle épreuve.

1183 — Le Glouton, par Fillœul. Très belle épreuve.

1184 — L'Orchestre de village, par Ravenet. Très belle épreuve, marge.

1185 — **Pauquet et Jourdan.** — Journée du 20 Juin 1792 aux Tuileries. Très belle épreuve avant la lettre.

1186 — **Pencz** (G.). — Nourrir ceux qui ont faim (58), — Loger les Pèlerins (62), — Jésus tenté par le Démon. (B. 39.). Trois pièces. Très belles épreuves.

1187 — Triomphe de Bacchus (B. 92). Superbe épreuve.

1188 — **Perelle.** — Vues de Paris et Châteaux de France. Trente-quatre pièces. Très belles épreuves.

1189 — **Peters** (D'après). — A Sclavonian Lady (Miss Bingham), par J.-R. Smith. Superbe épreuve, marge.

1190 — **Piccini** (A.). — L'Avare. Eau-forte. Épreuve sur Japon.

1191 — **Pollard** (R.). — Kew Gardens, — The Promenade. Deux pièces en manière noire. Très belles épreuves.

1192 — **Prud'hon et M**^{lle} **Mayer** (D'après). — L'Amour séduit l'Innocence, le Plaisir l'entraîne, le Repentir suit, — L'Innocence préfère l'Amour à la Richesse. Deux pièces gravées par Roger. Très belles épreuves, marges.

1193 — **Prud'hon** (D'après). — Abrocome E. Anzia, par Roger. Superbe épreuve du premier état, avant toutes lettres, seulement les noms d'artistes tracés à la pointe, toute marge.

1194 — Aminta, gravé par Roger. Très belle épreuve, toutes marges.

1195 — La Grotte, par Roger. Très belle épreuve avant la lettre.

1196 — En jouir, — L'Enflammer, — Choisir l'objet. Trois pièces gravées par Beisson et Copia. Superbes et rares épreuves avant la lettre.

1197 — La Soif de l'Or, par Aubry le Comte. Épreuve sur Chine.

1198 — Le Cruel rit des pleurs qu'il fait verser, — L'Amour enchaîné. Deux pièces faisant pendants, gravées par Copia. Très belles épreuves avant la lettre.

1199 — Joseph, — Marguerite, — L'Étude guide l'essor du Génie, — Les Petits Dévideurs, — Les Petits Fileurs, — Une Pensée. Six pièces lithographiées par Aubry le Comte. Très belles épreuves.

1200 — L'Impératrice Joséphine, par Blanchard, — La Toilette, lithographie par Maurin. Deux pièces, la première est avant la lettre, sur chine.

1201 — Les arts libéraux. 12 pièces.

1202 — **Queverdo** (d'après). — Le Levé de la mariée, par Dambrun. Superbe épreuve, toute marge.

1203 — Le Repos, par Dambrun. Belle épreuve.

1204 — **Raffet.** — S. A. R. Mgr le duc d'Aumale, 1843. Epreuve sur chine.

1205 — **Raffet et Decamps.** — Combat d'Oued-Alleg, — Le Petit savoyard, — Les Deux chiens, etc. Quatre pièces.

1206 — **Rajon.** — Portrait de Gerar Dow, — La Prière, d'après Chalners, etc. Trois pièces. Epreuves avant la lettre.

1207 — **Rainaldi.** — Musiciens célèbres représentés en bustes sur une même feuille, d'après Feti, in-fol. Belle épreuve.

1208 — **Ramberg.** — Marché d'Esclaves, en couleur. Belle épreuve.

1209 — La Jument du compère Pierre. Belle épreuve.

1210 — **Rembrandt et Lievens.** — Sujets divers de l'œuvre de ces deux maîtres. 15 pièces.

1211 — **Révolution** (Pièce sur la). — Combat des Nesfles et Marons dindes du Temple ou fureur Aristocrate contre le député Marat. Pièce très rare et curieuse. gravée à l'eau-forte. Très belle épreuve.

1212 — **Reynolds** (d'après). — Maria Countess of Walde-grave and Her Daughter lady Eliz. Laura, par R. Hous-ton. Très belle épreuve.

1213 — **Ribera.** — Saint-Pierre, — Le Christ descendu de la croix. Deux pièces. Très belles épreuves.

1214 — **Ribot.** — Chasseur à l'affût. — Les cuisiniers, etc. Quatre pièces, Epreuves avant la lettre.

1215 — **Rochebrune et Flameng.** — La Sainte Chapelle de Champigny, — Clocher de Notre-Dame de Fontenay-le-Comte, — Maison du XVIᵉ siècle à La Rochelle. Quatre pièces.

1216 — **Rossello.** — Le Christ mort, d'après Champaigne. Epreuve avant la lettre sur chine.

1217 — **Rowlandson.** — Vaux-Hall, par Pollard, pièce très curieuse pour les costumes, superbe et ancienne épreuve, en couleur.

1218 — A table d'hôte, Or French Ordinary, in Paris, en cou-leur. Rare.

1219 — Transplanting of teeth. Pièce rare en couleur.

1220 — Side Box Sketches. Quatre pièces gravées par S. Alken, en couleur. Belles épreuves.

1221 — **Rowlandson**. — Voyages en diligence et scènes de mœurs anglaises. Suite de six pièces en couleur, publiées en 1787. Belles épreuves rares.

1222 .— **Rubens** (d'après P. P.). — Les Pères de l'Eglise, par C. Van Dalen. Belle épreuve, marge.

1223 .— Hercule terrassant le Lion, par F. Vanden Wyngàerde. Belle épreuve.

1224 — Paysages gravés par S. A. Bolswert. Sept pièces. Bonnes épreuves.

1225 — **Saint-Aubin**. (Aug. de). — Au moins soyez discret, — Comptez sur mes serments. Deux pièces faisant pendants. (E. B. 406-407). Très belles épreuves. La première est avec la lettre, mais avec l'adresse de l'auteur, la seconde est avant la lettre, marge.

1226 .— Dernière heure de la baronne de *Rebecque*, morte à trente-six ans, in-fol. Belle épreuve, sans marge.

1227 — Jupiter et Léda, d'après Paul Véronse. Belle épreuve.

1228 — Le Réfractaire amoureux. Superbe épreuve avant toutes lettres. Marges.

1229 .— Silène, — Chevaux de Pelops, d'après les camées du cabinet des antiques. Très belles épreuves avant la lettre. Marges.

1230 .— Laocoon. Deux épreuves à l'eau-forte, d'états différents.

1231 .— Vénus Anadyomène, d'après Titien. Superbe épreuve avant toutes lettres.

1232 — **Saint-Aubin** (d'après Aug. de). Tableau des portraits à la mode, par Courtois. Superbe et très rare épreuve avant toutes lettres, non entièrement terminée.

1233 — L'Hommage réciproque, par Gautier, — Portrait d'homme en buste. Deux pièces en couleur.

1234 .— **Schenau** (d'après). — L'Aimable blanchisseuse, — La Gentille repasseuse. Deux pièces faisant pendants, gravées par Litret et Romanet. Très belles épreuves, grandes marges.

1235 — **Schiavonetti** (N.). — Mort de Jean-Paul Marat, d'après Pellegrini. Belle épreuve.

1236 — The Last interview of Hector and Andromaque, d'a-près A. Kauffmann, en couleur. Bonne épreuve.

1237 — **Schmidt** (G. F.). — Jésus ressuscitant la fille de Jaïre, d'après Rembrandt. Belle épreuve.

1238 — Le Juif Hirsch Michel. Belle épreuve.

1239 — **Schongauer** (Martin). — La Prise de Jésus-Christ, (B. 10). Très belle épreuve.

1240 — Jésus-Christ devant le Grand-prêtre (B. 11). Belle épreuve.

1241 — La Sépulture (B. 18). Belle épreuve, manque de conservation.

1242 — La Descente aux Limbes. (B. 19). Superbe épreuve, le coin gauche du haut est restauré.

1243 — Jésus au jardin des oliviers, — Jésus saisi par les Juifs. Deux pièces

1244 — **Schwegman et Vinkeles.** — Paysages et vues de Hollande. 32 pièces en grande partie avant la lettre ou à l'eau-forte.

1245 — **Sergent.** — The days folly (La folie du jour), — The Magnetism (Le Magnetisme). Deux pièces en couleur faisant pendants. Très belles épreuves.

1246 — Vue de la Rotonde du Palais-Royal. Epreuve avant la lettre. Rare.

1247 — Marie - Thérèse - Charlotte de France, fille du roi Louis XVI. In-fol. en couleur. Très belle épreuve. Marge.

1248 — **Seymour-Haden.** — Kensington-Garden. Epreuve sur chine.

1249 — Amsterdam. Epreuve sur chine.

1250 — Calais 1865. Epreuve sur chine.

1251 — Thames-Ditton. Très belle épreuve.

1252 — Shere mill Pond, superbe épreuve, signée du graveur.

1253 **Seymour-Haden**. — Pelham. Très belle épreuve.

1254 Egham. — Old Chelsea. Deux pièces. Très belles épreuves.

1255 **Silvestre**. — Vue de la Maison et Jardin de Monʳ le grand prieur du Temple, — Vues de Fontaine-bleau, — Vue et perspective de la grotte du chasteau de Meudon, — Perspective de l'église de Notre-Dame vue de la place de la Grève, — Vues des Tuileries, etc., etc. Onze pièces.

1256 Châteaux et parcs de Saint-Cloud et Liancourt. Six pièces.

1257 Château et vues de Ruel. Huit pièces. Très belles épreuves.

1258 Vue du château neuf de Saint-Germain-en-Laye, — Vue du grand couvent des Augustins.., — Vue du quay des Augustins et du pont Saint-Michel, — Vue et perspective du chasteau de Meudon, — Vue et perspective de là grote de Meudon. Cinq pièces.

1259 Vue et façade du château de Madrid, — Vue et perspective du château de Madrid, — Vue et perspective du château de Fremont, — Vue et perspective du château de Chilly, — Vue du château de Chailliot proche de Paris, — Vue du jardin de M. Renard aux Tuileries. Six pièces. Belles épreuves.

1260 **Simon et Clément**. — Scènes du théâtre de Shakspeare, — Télémaque à la cour de Ménélas. Deux pièces d'après Boizot et Fuseli. Belles épreuves.

1261 **Soumy** (F.). — François Iᵉʳ, d'après le Titien. Épreuve avant la lettre, sur chine.

1262 — **Swebach-Desfontaines** (d'après). — Caffé des patriotes, grande nouvelle du Nord, gravé en couleur par J.-B. Morret. Très belle épreuve avec le premier texte et les deux gardes nationaux à gauche coiffés de hauts bonnets à poil.

1263 **Tiepolo** (J.-B.). — Caprices. Suite de dix pièces et un titre. Très belles épreuves, toutes marges.

1264 — **Tony Johannot**. — Les enfants abandonnés, d'après Ary Scheffer. Épreuve à l'eau-forte, sur chine.

1265 — **Unger** (V.). — Fontaine des chasseurs, d'après Wouvermans. Épreuve sur chine.

1266 — OEuvres choisies de la galerie nationale Hongroise à Buda-Pest, autrefois galerie du prince Esterhazzi, reproduits en gravure et à l'eau-forte par les premiers artistes, première et deuxième livraisons. Six planches. Épreuves sur chine.

1267 — **Vogel** (V.-J.-F.). — Marie-Louise de Tassis, d'après Van Dyck. Superbe épreuve d'artiste, sur chine.

1268 — La même estampe. Superbe épreuve, sur chine.

1269 — **Vanloo** (d'après C.). — Portrait de Mlle Vanloo, gravé par F. Basan. Très belle épreuve, marge.

1270 — Lecture espagnole. — Conversation espagnole. Deux pièces faisant pendants, gravées par Beauvarlet. Très belles épreuves avec l'adresse de l'auteur.

1271 — Mme de Prie, gravé par Chereau. Très belle épreuve, marge.

1272 — La chasse au sanglier, par Flipart. Très rare épreuve avant toutes lettres, à l'état d'eau forte.

1273 — **Vernet** (d'après C.). — Le retour de course, — Chasseur à l'affût, — La course, — Cosaque au repos, — Officiers écossais sortant du camp. Cinq pièces gravées par Levachez.

1274 — **Vinkeles** (R.) — Bal donné à l'hôtel de ville d'Amsterdam. Belle épreuve.

1275 — **Vleughels** (d'après). — Frère Luce, par de Larmessin. Belle épreuve avant l'adresse de Buldet.

1276 — Frère Luce, — Le Bat, — Le Rossignol. Trois pièces. Bonnes épreuves.

1277 — **Vues**. — Différentes vues de villes de France. Soixante-six pièces par Rouargue et autres.

1278 — Vues d'optique. Vingt-deux pièces.

1279 Del **Waltner**. — Le Christ descendu de la croix, — Orpin. Deux pièces. Épreuves avant la lettre.

1280 — Les trois Mages. Trois pièces. Épreuves avant la lettre, sur Japon.

1281 — **Watelet**. — Ruines, d'après Panini. Très belle épreuve avant la lettre.

1282 — **Watteau** (Ant.). — Figures de modes dessinées et gravées à l'eau-forte par Watteau et terminées au burin par Thomassin le fils. Suite de huit pièces dont un titre. Très belles épreuves, marge.

1283 — Portrait de Watteau, gravé à l'eau-forte par Boucher. In-fol. Très belle épreuve, marge.

1284 — L'accord parfait, — Jeune femme assise, — La toilette. Trois pièces dont deux avant la lettre.

1285 — L'alliance de la musique et de la comédie, par J. Moyreau. Très belle épreuve.

1286 — Alte, par J. Moyreau. Superbe épreuve, toute marge.

1287 — Amusements champêtres, par B. Audran. Très belle épreuve.

1288 — Le Bain rustique, par Ant. Cardon. Très belle épreuve, toute marge.

1289 — *Du Bel âge où les jeux remplissent vos désirs*, — *Coquettes qui pour voir galants au rendez-vous*. Deux pièces faisant pendants gravées par Thomassin et Moyreau. Très belles épreuves.

1290 — Les charmes de la vie, par Aveline. Belles épreuves.

1291 — Départ pour les Isles, par Dupuis. Très belle épreuve, marge.

1292 — Harlequin jaloux, par Chedel. Très belle épreuve, marge.

1293 — Louis XV mettant le cordon bleu à Monsieur de Bourgogne, père de Louis XV, par de Larmessin. Très belle épreuve, marge.

1294 — Paysage, gravé par Caylus. Épreuve ayant toutes lettres.

1295 — Le Qu'en dira-t-on, par Crepy. Très belle épreuve, marge.

1296 — Le rendez-vous, par P. Mercier. Belle épreuve.

1297 — Retour de chasse, par B. Audran. Superbe épreuve.

1298 — Vue de Vincennes, par Boucher. Très belle épreuve, toute marge.

1299 — Le Déesse, — La Grotte. Deux pièces gravées par Huquier. Belles épreuves, marges.

1300 — **Weber** (F.). — Portrait d'Erasme, d'après Holbein. Superbe épreuve d'artiste avec les noms à la pointe, sur chine.

1301 — L'Amour sacré et l'amour profane, d'après Titien. Superbe épreuve d'artiste, sur chine.

1302 — **Westall** (d'après R.). — Le curé de campagne, gravé en couleur par R. Field. Très belle épreuve,

1303 — **Wheatly** (d'après F.). Cries de Londres. Deux pièces gravées par Cardon. Belles épreuves, marges.

1304 — **Wierix** (H.). Le Christ en croix, — Pieta, — La Vierge et l'enfant Jésus, et sujets de la vie de Jésus-Christ. Sept pièces.

1305 — **Wille** (J.-J.). — Reîtres et Lansquenets, d'après Parrocel. Dix pièces. Très belles épreuves.

1306 — **Wille** (d'après P. A.). — La mère contente, la mère mécontente. Deux pièces faisant pendants, gravées par P.-C. Ingouf. Belles épreuves, marges.

1307 — **Wilson** (J.). — Jeune fille en buste, d'après F. Cotes. Très belle épreuve.

1308 — **Woollett** (W.). — La chasse au sanglier, d'après Pillement. Belle épreuve.

1309 — **Zagel** (Martin). — Sainte Ursule (B., 10). Très belle épreuve.

1310

1310 — **Zagel.** — Sainte Catherine (B., 11). Très belle épreuve doublée, piqûres de vers.

1311 — Sous ce numéro, il sera vendu par lots un grand nombre d'estampes de toutes les écoles.

1312 — Sous ce numéro, il sera vendu un portefeuille eaux-fortes de l'École anglaise et gravures modernes par Leconte, et autres graveurs modernes.

VIGNETTES

1313 — **Anonyme.** — Suite de vignettes, in-18 pour un livre du XVIIIe siècle. Quatorze pièces.

1314 — **Bergeret.** — Suite complète de douze figures in-4, pour les fables de La Fontaine. Paris, 1818. Superbes épreuves avant la lettre. Toutes marges.

1315 — Neuf pièces de la même suite. Très belles épreuves

1316 — **Binet.** — Vignettes in-8 pour la Paysanne pervertie. Rare épreuve à l'eau-forte.

1317 — **Borel, Eisen et Gravelot.** — Louis XVI prononce un discours pour le bonheur de son peuple. — Henri IV et Gabrielle d'Estrées. Vignettes pour les contes de Boccace. Quatre pièces.

1318 — **Boucher.** — Frontispice de la suite d'Estampes, gravées par Mme de Pompadour. In-4, superbe épreuve, marge.

1319 — Vignettes in-18, gravées par Punt, pour les œuvres de Molière. Vingt-quatre pièces. Très belles épreuves.

1320 — Suite complète de dix gravures in-4. Gravées par Chedel, pour Acajou et Zirphile. Très belles épreuves, toutes marges.

1321 — **Chauvel.** — Frontispice gravé à l'eau-forte pour les Aventures de l'abbé de Choisy. Seize épreuves en différents états.

1322. — **Choffart** (P. P.). — Encadrement du frontispice de la suite de Lucrèce, d'après Monnet. Épreuve avant toutes lettres, avec marge. Rare.

1323. — En-tête de page pour les Métamorphoses d'ovide. Deux épreuves avant la lettre.

1324. — *Basan* (Pierre Fr.). En-tête de page pour le Dictionnaire des graveurs, superbe épreuve tirée hors texte, toute marge.

1325. — En-tête pour la 2e édition du Dictionnaire des graveurs de Basan. P. P. Choffard fecit l'an XII. Superbe épreuve avant la lettre, grande marge.

1326. — *Basan* (A la mémoire de Pierre Fr.). Frontispice du catalogue de la vente après décès de Basan et du Dictionnaire des graveurs. Très rare et première épreuve avant le chiffre 98 après la date de l'an VII.

1327. — Fleurons pour l'Histoire de la maison de Bourbon. Neuf pièces. Superbes épreuves avant la lettre, grandes marges.

1328. — Armoiries aux armes d'un cardinal, — Carte prospectus, — Cartouche et titre. Quatre pièces. Très belles épreuves.

1329. — Vignettes, fleurons et en-tête de pages pour le Voyage de Saint-Non et autres. Cinq pièces. Très belles épreuves avant la lettre.

1330. — **Choquet.** — Suite complète d'un portrait et sept figures in-18 pour les œuvres de Boileau. Épreuves avant la lettre. Toutes marges.

1331. — **Cochin** (d'après). L'Avare. Vignettes in-4. Gravée par Flipart, pour Molière. Épreuve avant le texte au verso.

1332. — Vignette frontispice pour l'Origine des Grâces, gravé par Saint-Aubin. Très rare épreuve à l'état d'eau-forte.

1333. — Vignette in-8, gravée par Aug. de Saint-Aubin, pour l'Origine des Grâces. Superbe épreuve avant la lettre.

1334 — **Cochin** (d'après). — Rien n'est beau que le vrai, par Aug. de Saint-Aubin. Très belle épreuve, marge.

1335 — Les Remois (conte de La Fontaine), in-4, gravé par Langée. Très belle épreuve avant la lettre, marge.

1336 — Le Dauphin sacré chevalier à la bataille de Fontenoy. — Statue de Louis XV, d'après Pigalle. Deux pièces. Épreuves avant la lettre. La seconde est avec la date de 1761 au lieu de 1764.

1337 — Suite complète de trois figures pour l'Iliade d'Homère. Paris, 1773. Très belles épreuves, toutes marges.

1338 — Suite de six figures in-8, pour Émile de J. J. Rousseau. Très belles épreuves, toutes marges.

1339 — Vignettes pour divers ouvrages, gravées par Prevost, Ponce, Sornique et Pruneau. Très belles épreuves.

1340 — Vignettes in-8, gravées par Le Mire, Sornique et Prevost, pour Lucrèce, les Œuvres de Piron et Métastase. Très belles épreuves.

1341 — **Cochin, Eisen et Moreau**. — Vignettes diverses. Vingt-trois pièces.

1342 — **Corbould**. — Quatre gravures in-8 à claire-voie, pour Paul et Virginie, Édition de Lefevre, 1828. Épreuves avant la lettre, marges.

1343 — Vignettes in-18 pour Paul et Virginie. Cinq pièces.

1344 — **Desenne**. — Une vignette in-8. gravée par Roger, pour Vert-Vert. Épreuve avant la lettre, sur chine.

1345 — Suite de six figures in-8, pour les Pèlerins du Nord. Paris, Méquignon-Marvis, 1822. Suite double avant la lettre et eaux-fortes. Superbes épreuves de format grand in-8.

1346 — **Desenne et Deveria**. — Vignettes pour oraisons funèbres et autres. Vingt pièces avant la lettre, en partie sur chine.

1347 — **Divers**. — Vignettes in-8 et in-4, d'après Moreau, Cochin, Marillier et autres. Trente-quatre pièces, plusieurs sont avant la lettre ou à l'eau-forte.

1348 — **Divers**. — Sujets de chasse par Fielding, et vignettes pour les œuvres de Racine. Neuf pièces.

1349 — Titre pour l'Enéide, — Exercice du fusil, etc. Trois pièces. Belles épreuves.

1350 — Vignettes et en-tête pour les Baisers, d'Arnaud, et autres. Sept pièces.

1351 — Mort du chevalier d'Assas, d'après Moreau, — En tête de page, d'après Eisen, — Vignette in-4, d'après Lebarbier, pour Gessner, etc. Quatre pièces.

1352 — Titres et frontispices. Sept pièces.

1353 — Vignettes, d'après Desrais, Flouet et Marillier, pour les contes de La Fontaine et autres. Neuf pièces, dont plusieurs avant la lettre.

1354 — Frontispice de l'Encyclopédie, — Tombeau de J.-J. Rousseau, — Gravures d'après Oudry, pour les fables de La Fontaine, dont une à l'état d'eau-forte, avant la lettre. Cinq pièces.

1355 — Portraits et vignettes diverses. Cent cinquante pièces diverses.

1356 — Contes et fables de La Fontaine, et les Mille et une Nuits. Cent pièces.

1357 — Frontispice pour Paul et Virginie, avec le portrait de Bernardin de Saint-Pierre, in-8. Sept exemplaires.

1358 — Vignettes historiques. Quarante pièces.

1359 — **Duplessis-Bertaux**. — Vignettes, en-têtes de pages pour les Contes de La Fontaine et les Petits Conteurs. Onze pièces. Très belles épreuves avant la lettre.

1360 — Vignettes in-18, pour les contes de La Fontaine, 1re livraison. Quatre pièces.

1361 — **Ducis** — Suite complète de quatre figures, in-8, pour la Vie du Tasse. Très belles épreuves avant la lettre, toutes marges.

1362 — La même suite. Très belles épreuves.

1363

1363. — **Ducis.** — La même suite. Très rares épreuves à l'eau-forte ; une est avec la lettre.

1364. — **Duclos.** — L'Avare, vignette, in-8, pour un opéra-comique. Très rare épreuve à l'eau-forte.

1365. — **Duvivier.** — Suite complète de dix figures, in-18, pour les OEuvres de Destouches. Épreuves avant la lettre.

1366. — **Eisen** (d'après Ch.). — En-tête pour les Baisers, gravé par Massard. Épreuve avant la lettre.

1367. — Les Baisers. Titre gravé par N. Ponce, en 1770. Très belle épreuve. Rare.

1368. — Fleuron avec portrait de Florian, pour les OEuvres de d'Arnaud, gravé par Ponce. Épreuve avant la lettre. Deux exemplaires.

1369. — Deux en-têtes (Le Matin, la Nuit), pour le tableau de la Volupté, ou les Quatre parties du Jour. Superbes et rares épreuves avant le texte au verso.

1370. — Fleuron gravé, par L. Binet, pour les OEuvres de d'Arnaud. Épreuve avant la lettre, marge.

1371. — Les Moissonneurs, vignette in-4. Très rare épreuve à l'eau-forte.

1372. — Vignette in-8, gravée par N. Le Mire, pour le Temple de Gnide. Très belle épreuve, marge.

1373. — Deux vignettes, in-8, pour Les Saisons. Très rares épreuves à l'état d'eau-forte ; une est retouchée à la mine de plomb par l'artiste, pour indication au graveur.

1374. — Vignettes et en-tête de pages pour les OEuvres de d'Arnaud. Sept pièces. Très belles épreuves avant la lettre. Trois sont à l'état d'eau-forte.

1375. — Titre pour la Déclamation théâtrale, — Narcisse dans l'isle de Vénus, — Zelis au bain, etc. Six pièces gravées par de Ghendt et Le Mire. Très belles épreuves.

1376. — En-tête de page, gravé Martini, pour le Télémaque, texte gravé par Drouet. Rare épreuve à l'état d'eau-forte.

1377. — **Eisen** (d'après Ch.). — Vignette in-8, gravée par Pasquier, pour l'Éloge de la folie. Rare épreuve à l'état d'eau-forte.

1378. — Six vignettes in-8, gravées par L. Binet, de Ghendt et de Longueil, pour les Œuvres de d'Arnaud et autres. Très belles épreuves avant la lettre.

1378 bis. — Vignettes in-8, pour les Œuvres du marquis de Pezay, Térence, Baculard-d'Arnaud, Grécourt, Irza et Marsis. Six pièces avant la lettre.

1378 ter. — Suite complète de quatre-vingts figures in-8, pour les contes de La Fontaine. Édition dite des Fermiers Généraux, 1762. Très belles épreuves. La figure du Diable de Papefiguière, est découverte.

1378 quater. — Sept pièces de la même suite (Refusées). Très belles épreuves.

1379. — **Eisen, Boucher**, etc. — Vignettes in-8, gravées par N. Le Mire et autres, pour les Métamorphoses d'Ovide. Neuf pièces. Très rares épreuves à l'état d'eau-forte.

1380. — Diane et Actéon, gravé par Saint-Aubin, d'après Boucher, pour les Métamorphoses d'Ovide. Très rare épreuve découverte, remontée.

1380 bis. — Cinq pièces pour le même livre, gravées par N. Le Mire, Massard et Saint-Aubin. Très belles épreuves, marges

1381. — **Eisen et Moreau** — En-tête pour les Baisers. — Fleuron pour Sydney et Volsan, — Vénus habillée par les Grâces, — Vénus devant Jupiter, etc. Cinq pièces gravées par Ponce, Duclos, de Longueil, etc. Très belles épreuves ; deux sont avant la lettre, et une est à l'eau-forte.

1382. — **Eisen et Wille**. — Suite de cinq vignettes, en-tête de pages pour les Sens, poème en six chants, par Du Rosoy. Très belles épreuves avant la lettre, marges.

1383. — Suite de six figures in-8, pour les Sens de Du Rosoy. Paris, 1766. Très belles épreuves.

1384 — **Fragonard.** — Le Muletier, pour les Contes de La Fontaine, in-4. Très belle et rare épreuve à l'état d'eau-forte, grandes marges.

1385 — Le Cocu battu et content. Très rare épreuve à l'état d'eau-forte.

1386 — **Gaucher** (Ch. Et.). — En-tête du diplôme de membre de la Société d'agriculture, sciences et arts du département de Seine-et-Marne, d'après Monnet. Très belle épreuve.

1387 — Vignettes, in-18, pour Anacréon et autres. Trois pièces. Très belles épreuves.

1388 — **Giraud.** — Vignette. Composition mythologique. Épreuve à l'état d'eau-forte.

1389 — **Gravelot.** — Manon Lescaut visitant le chevalier Des Grieux à Saint-Sulpice, in-8. Très rare épreuve, à l'eau-forte.

1390 — Vignette in-8, pour les Contes de Boccace. Épreuve à l'eau-forte, marge.

1391 — Vignette in-8, gravée par Pasquier, pour Tom-Jones. Épreuve à l'eau-forte.

1392 — Buste de Louis XV, couronné par Apollon et une muse. Belle épreuve, marge.

1393 — Suite complète du frontispice et des trente-quatre figures pour les Œuvres de Corneille, 1774. Très belles épreuves avec les bordures, toutes marges.

1394 — Suite complète de cinq figures, pour le Fabricant de Londres, de Fenouillat de Falbaire. Paris, Delalain, 1771. Belles épreuves.

1395 — Dix gravures in-8, pour les Contes moraux de Marmontel. Très belles épreuves de premier tirage, avant la retouche.

1396 — Trente-sept gravures in-8, pour la Pucelle.

1397 — Trente-cinq figures in-8, pour les Contes de Boccace. Belles épreuves.

1398. — **Gravelot.** — Vignettes pour Voltaire, Corneille, etc.
Vingt-cinq pièces.

1399. — Vignettes in-8, gravées par N. Le Mire, pour les
Œuvres de Corneille et de Baculard d'Arnaud. Douze
pièces. Les sujets pour Corneille sont de premier tirage
avant les cadres ; une est double à l'eau-forte.

1400. — Vignettes in-8 et in-12, lettres ornées, etc., pour
Miss Jenny, — Almanach iconologique. — Tacite, etc.
Sept pièces.

1401. — Deux pièces de l'Iconologie. Très rares épreuves à
l'état d'eau-forte. Marge.

1402. — Six pièces In-8, de l'Iconologie. Très belle épreuve.

1403. — **Guyot.** — Six pièces en couleur, d'après Dutailly,
pour Paul et Virginie, plus deux pièces en couleur sur la
révolution. Très belles épreuves.

1404. — **Hersent, Vernet, Bergeret, etc.** — Suite complète de treize figures, dont trois portraits pour les œuvres
de Boileau. Edition Blaise. Très belles épreuves.

1405. — **Le Barbier** (D'après). — Les amants unis par
l'Amour en présence de la Constance, gravé par Bonnefoy.
In-4° en couleur. Très belle épreuve.

1406. — Vignettes in-4, gravées par Gaucher, pour les œuvres
de Gessner. Deux pièces rares, à l'état d'eau-forte, une
est double, avant la lettre terminée, trois pièces.

1407. — Vignettes in-4, pour les œuvres de Gessner. Dix
pièces.

1408. — Vignette in-8, gravée par Gaucher, pour Adélaïde de
Monville, roman par Rouger Delille. Épreuve à l'état
d'eau-forte, plus une épreuve avec la lettre. Deux pièces.

1409. — Suite de onze figures in-4, pour les œuvres de
Gessner (Mort d'Abel). Superbes épreuves avant les numéros. Toutes marges.

1410 — **Lebarbier** (d'après). — Vignettes in-8, gravées par Patas, Baquoy, Pauquet et Dupréel, pour les Saisons de Thompson. Cinq pièces. Très rares épreuves avant la lettre, avec marges. Trois épreuves sont terminées et deux sont à l'eau-forte. Une est double.

1411 — Vignette in-12, allégorie, gravée par Thomas, 1785. Deux très belles épreuves avant la lettre, dont une à l'eau-forte.

1412 — **Le Clerc** (D'après F.). — Fleuron pour un livre in-4, gravé par Patas. Deux épreuves avant la lettre, dont une à l'eau-forte.

1413 — **Lefèvre**. — Suite complète de vingt-quatre figures in-18, pour Don Quichotte. Superbes épreuves avant la lettre, tirées de format In-8, à toutes marges.

1414 — Suite complète de six figures in-18, pour Zelomir, par Morel de Vindé. Paris, Didot, 1801. Très belles épreuves avant la lettre. Cinq sont à toutes marges.

1415 — Suite complète de dix figures in-18, pour les Voyages de Gulliver. Paris, Didot l'aîné, 1797. Très belles épreuves, toutes marges.

1416 — Deux suites de vignettes in-18, pour Primerose et Zelomir. Douze pièces.

1417 — **Le Prince** (D'après). — Gravure in-4, gravée par De Launay, pour les Expériences sur l'électricité, par Chappe d'Auteroche. Deux épreuves avant la lettre, dont une à l'eau-forte.

1418 — Suite complète de dix figures in-8, pour la Henriade. Épreuves avant la lettre, toutes marges.

1419 — Suite de dix vignettes in-18, pour la Henriade. Belles épreuves.

1420 — **Malapeau**. — Songes drolatiques de Pantagruel, de l'invention de François Rabelais. A Paris, chez Sallier, 1797. 1 vol. In-4, soixante fig. et le portrait de Rabelais. En feuille.

Marillier. — Fleurons et en-tête de pages pour les fables de Dorat. Dix pièces. Très rares épreuves avant la lettre avec marges, une est à l'eau-forte.

1422. — Fleuron de la fin du premier volume des fables de Dorat. Épreuve avant la lettre, avec marge.

1423. — Vignettes in-18, pour Joseph, poème de Bitaubé. Cinq pièces. Très rares épreuves à l'eau-forte, marges.

1424. — Vignettes in-8, pour le Cabinet des fées, etc. Vingt pièces. Très rares épreuves à l'eau-forte, en grande partie avec marges.

1425. — Vignette frontispice, pour les Femmes célèbres. Très rare épreuve à l'état d'eau-forte, marge.

1426. — Frontispice In-4, gravé par Simonet, pour l'Histoire de la ville de Bordeaux, — En-tête de pages gravées par Le Mire et N. De Launay, pour un livre sur l'Orient. Trois pièces. Épreuves avant la lettre.

1427. — Titres pour le Parnasse des Dames, — Les Victimes de l'amour ou lettres en vers, — Le Célibataire, — La nouvelle Héloïse, — Les fables de Dorat, — Les Sens, — Poésies satyriques, etc. Neuf pièces par divers graveurs. Très belles épreuves.

1428. — Vignettes in-8, pour les œuvres de Pope, Lettres d'Ovide à Junie, Contes moraux et drames de Mercier. Quatre pièces. Trois sont avant la lettre.

1429. — Fleuron, gravé par Massard, 1770, pour les Baisers. Épreuve avant la lettre.

1430. — Le duc de Richelieu, visité dans sa prison, gravé par de Launay. In-8. Très belle épreuve avant la lettre, toutes marges.

1431. — En-tête avec les portraits de Mme et Mlle Deshoulières, pour le Parnasse des dames. Superbe épreuve avant le texte et le verso.

1432. — Suite complète de trois figures in-18, pour les œuvres choisies de Mme Deshoulières. Paris, Didot, 1795. Très belles épreuves avant la lettre, remontées de format in-4.

1433 — **Marillier.** — Fleuron pour un livre in-8. Épreuve avant la lettre, marge.

1434 — **Marillier et Borel.** — Suite complète de treize vignettes In-8, pour l'Elegie de Tibulle. Superbes épreuves avant la lettre.

1435 — **Marillier et Lebarbier.** — Deux vignettes In-8, pour les œuvres de Pope et les lettres de Mme de Sévigné. Très belles épreuves avant la lettre, une n'est pas entièrement terminée.

1436 — **Marillier et Martini.** — Vignettes et en-tête pour les œuvres de d'Ussieux, — Lettres de Christophe Colomb, Bion et Moschus, etc. Quatre pièces. Très belles épreuves avant la lettre. Deux sont à l'eau-forte.

1437 — **Marillier et Monsiau.** — Sept gravures in-8, pour la Pucelle. Paris, Didot, 1795. Très belles épreuves avant la lettre et les numéros ; marges.

1438 — Sept pièces de la même suite. Très belles épreuves.

1439 — **Martini.** — Vignette in-8, gravée par Gaucher pour les Nouvelles de d'Ussieux. Deux épreuves avant la lettre, dont une à l'état d'eau-forte.

1440 — **Monnet** (d'après C.). — Vignette in-8, gravée par Née, pour le Temple de Gnide. Très belle épreuve avant la lettre, marge.

1441 — Vignette in-8, avec bordure, gravée par Fessard, 1770, pour Télémaque. Très rare épreuve à l'état d'eau-forte.

1442 — Suite de sept vignettes in-8, gravée par Ponce, Baquoy, Née, de Launay, Helman et Masquelier, pour le Temple de Gnide. Très belles épreuves, marges.

1443 — Suite complète de sept gravures in-4, pour Lucrèce. Paris, Bleuet, 1794. Très belles et rares épreuves avant la lettre, avec les encadrements, toutes marges.

1444 — Suite de vingt-quatre figures in-8, pour les œuvres de Gessner. Épreuves de premier tirage avec les cadres et dix-sept doubles avant les cadres. En tout quarante et une pièces.

1445 — **Monsiau**. — Suite complète de six gravures in-4, pour le Voyage sentimental de Sterne. Paris, Dufour, an VII. Superbes épreuves avant la lettre, toutes marges,

1446 — J.-J. Rousseau aux pieds de Mme d'Houdetot, gravé par Choffart, in-4. Superbe épreuve avant la lettre.

1447 — **Monsiau et Cochin**. — Trois gravures in-4, pour les œuvres de J.-J. Rousseau. Une figure pour Emile, — Un frontispice du discours sur l'inégalité des conditions. — La 3°, pour la nouvelle Héloïse. Très rares épreuves à l'état d'eaux-fortes.

1448 — **Moreau** (J.-M.).— La Rosière de Salençay, d'après Greuze. Très belle épreuve avant le numéro.

1449 — Titres pour : Il tarrochione desolata di B. Corsini, — Orlandino de Limerno Pittoco, — Il Malmautile di Lorenzo Lippe, — Il Pastor fide, di Guarini, etc. Six pièces. Très belles épreuves.

1450 — Cinq vignettes in-8, pour les Chansons de La Borde, seront vendues séparément :

1° Le Déclin du jour. Très rare épreuve avant la lettre, non entièrement terminée, marge ;

2° La fête du Seigneur. Très rare épreuve avant la lettre, marge ;

3° L'effet de la peur. Très rare épreuve avant la lettre, marge.

4° Le Berger fidèle. Très rare épreuve à l'état d'eau-forte, marge.

5° L'Amant timide. Très rare épreuve avant la lettre, non entièrement terminée, marge.

1451 — Deux vignettes in-8 pour les Chansons de La Borde. Très belles épreuves, marges.

1452 — Les amours de Glycère et d'Alexis. Belle épreuve, marge.

1453 — **Moreau** (d'après J.-M.). — Vignette-frontispice in-32, gravée par Lemire pour Cicéron, original et copie. Deux pièces.

1454 — Une figure in-8 pour le Voyage en Suisse du comte de La Bédoyère. Paris, Crapelet, 1849. Très belle épreuve avant la lettre, toutes marges.

1455. **Moreau** (d'après J.-M.). — Suite complète des vingt-cinq figures in-8 et du portrait gravé par Saint-Aubin pour les Aventures de Télémaque. Paris, Didot, 1790. Très belles épreuves, toutes marges.

1456. — Vignettes in-8 pour les Aventures de Télémaque, publiées par Renouard. Soixante-seize pièces. Très belles épreuves, marges.

1457. — Vignettes gravées par Prevost, pour l'Histoire de la maison de Bourbon. Quatre pièces. Très rares épreuves à l'eau-forte.

1458. — Vignettes en-têtes de pages, pour l'Histoire de France du président Hénaux. Trois pièces. Rares épreuves avant la lettre, dont deux à l'état d'eau-forte.

1459. — Suite complète de 8 figures in-4 pour les Lettres d'Héloïse et d'Abailard. Paris, Fournier, 1796. Superbes épreuves avant la lettre, grandes marges.

1460. — Trois gravures in-4 en travers pour Homère? Très rares épreuves à l'état d'eau-forte.

1461. — Deux gravures in-8 pour les Égarements de l'amour d'Imbert. Paris, Delalain, 1776. Très belles épreuves.

1462. — Vignette in-8, gravée par J.-B. Simonet pour les Incas de Marmontel. Très rare épreuve à l'eau-forte, marge.

1463. — Vignette in-8 pour Métastase. Très rare épreuve à l'eau-forte. Marges.

1464. — Le Tartuffe, par J.-B. Simonet (Molière, de Bret). Très belle épreuve avant la lettre, grande marge.

1465. — Amphytrion, par J.-B. Simonet (Molière, de Bret). Très belle épreuve avant la lettre.

1466. — Le Dépit amoureux, par A.-J. Duclos (Molière, de Bret). Très belle épreuve avant la lettre.

1467. — L'École des maris, gravé par Masquelier pour le Molière, de Bret. Très rare épreuve à l'état d'eau-forte. Margès.

1468 — **Moreau** (d'après J.-M.) — Suite complète de trente
figures pour les Œuvres de Molière, publiées par Renouard. Très belles épreuves avant la lettre. On a ajouté
à cette suite le portrait de Molière gravé par Bertonnier,
aussi avant la lettre.

1468 bis — La même suite complète et le portrait gravé par
Saint-Aubin. Belles épreuves, marges.

1469 — Suite de quatre gravures in-4 pour les œuvres de
Montesquieu. Très belles épreuves, marges.

1470 — Frontispice in-fol. et in-4 pour Tableau de l'empire
ottoman de Mouradja. Deux pièces. Très belles épreuves
avant la lettre, marges.

1471 — Suite complète du portrait de Racine gravé par Saint-
Aubin, et des douze figures in-8 pour les œuvres publiées
par Renouard. Très belles épreuves, toutes marges.

1472 — La même suite complète. Vingt-quatre pièces et le
portrait. Très belles épreuves.

1473 — Suite complète du portrait et des neuf figures in-8 de
Moreau, pour Histoire philosophique et politique des
établissements et du commerce des Européens dans les
deux Indes, par Raynal Très belles épreuves, marges.

1474 — Six pièces doubles de la suite précédente. Très belles
épreuves, marges.

1475 — Vignettes in-8 pour les œuvres de Raynal. Cinq pièces.

1476 — En-tête pour le Musée Robillard. Rare épreuve à l'état
d'eau-forte.

1477 — Le Devin de village. Vignette in-4 pour les œuvres de
Rousseau, 1774-1783. Très rare épreuve à l'état d'eau-
forte, marge.

1478 — Suite de quatre gravures in-8 avant la lettre, pour les
Confessions, et sept avec la lettre pour la Nouvelle
Héloïse. Onze pièces. Très belles épreuves.

1479 — Suite complète de quatre gravures in-18, pour Gérard
de Nevers. Très belles épreuves, marges.

1480 — **Moreau** (d'après J.-M.). — Suite complète de quatre figures in-4 pour l'Énéide. Paris, Giguet et Michaud, 1804. Très belles épreuves avant la lettre.

1481 — Suite complète de dix figures in-4 pour la Henriade de Voltaire, édition de Kehl. Très belles épreuves, marges.

1482 — Trois figures in-4 pour la Henriade, édition de Kehl. Très belles épreuves avant la lettre; l'une de ces trois figures représente le chant V, qui est très rare.

1483 — Marianne, figure in-4, gravée par Simonet, pour le Voltaire de Kehl. Très belle épreuve avant la lettre, marge.

1484 — Cinq gravures in-4 pour la Henriade, édition de Kehl. Très belles épreuves

1485 — L'Indiscret. Vignette in-8 pour le Voltaire de Kehl. Deux très belles épreuves avant la lettre, dont une à l'eau-forte.

1486 — Pièces historiques pour les œuvres de Voltaire. Cinq pièces. Très belles épreuves, trois sont tirées de format in-4.

1487 — Suite complète de quarante-quatre vignettes pour le Théâtre de Voltaire, édition de Kehl. Très belles épreuves, toutes marges.

1488 — Vingt-huit figures in-8 pour les Romans et Contes de Voltaire, édition de Kehl. Belles épreuves, toutes marges.

1489 — Suite complète de dix figures in-8 pour la Henriade, édition Renouard. Très belles épreuves avant la lettre, sauf une. Marge.

1490 — Suite complète de quarante-quatre vignettes in-8, pour le Théâtre de Voltaire, édition Renouard. Très belles épreuves.

1491 — Suite complète de deux figures in-4, pour Réflexions morales de l'empereur Marc-Antonin. Paris, Didot, 1800. Très belles épreuves, toutes marges.

1492. — **Moreau** et **Desenne**. — Soixante figures in-8, pour les Œuvres de Florian, publiées par Renouard. Superbes épreuves avant la lettre, toutes marges. Il y a quarante-quatre pièces différentes, les autres sont doubles.

1493 — **Moreau** et **Eisen**. — Vignettes in-8, gravées par Le Mire et Legrand, pour les Métamorphoses d'Ovide. Très belles et rares épreuves avant la lettre.

1494. — **Moreau** et **Lebarbier**. — Suite complète du portrait et des trente-sept figures in-4 pour les Œuvres de Rousseau. 1774-1783. Très belles épreuves, marges.

1495. — **Moreau, Le Barbier, Chasselet** et **Martinet**. — Suite de cent quatre figures in-8, pour les Œuvres de Rousseau. Très belles épreuves.

1496. — **Moreau, Prud'hon, Isabey**. — Quatre figures in-4, pour Paul et Virginie; la figure d'après Moreau est double, avant la lettre.

1497. — **Oudry**. — Deux gravures in-fol. pour les Fables de La Fontaine. Rares épreuves à l'eau-forte.

1498. — **Pannier** (Louise). — Le Cinq mai, chanson de Béranger. In-4. Épreuve d'artiste, sur chine.

1499. — **Perrin**. — Suite complète de dix figures in-8 pour la Pharsale de Lucain. Paris, 1796. Très belles épreuves, toutes marges.

1500. — **Peyron-Chaudet**. — Huit gravures in-4, dont deux doubles, pour les Œuvres de Montesquieu. Très belles épreuves avant la lettre.

1501. — **Prud'hon** (d'après P. P.). — Abrocome e Anzia, gravé par Roger. Épreuve avec marge.

1502. — Abrocome e Anzia. Très belle épreuve du premier état, avec les noms d'artistes à la pointe.

1503. — Phrosine et Melidor, par Roger. Épreuve du premier état, avant la lettre, avec les noms à la pointe.

2. 1504. **Prud'hon** (d'après P. P.). — Aminta, par Roger. Très belle épreuve, toutes marges.

3. 1505 — Vignettes in-8, gravées par Copia pour la Nouvelle Héloïse. Quatre pièces. Très belles épreuves, marges.

2 1506. — Daphnis, gravé par Roger, in-4. Épreuve avant la lettre, marge.

1507. — **Queverdo.** — Vignette-frontispice pour Galathée, in-8. Très rare épreuve à l'eau-forte.

1508. — **Queverdo et Martinet.** — Trophée avec l'amour, — frontispice pour un livre sur les sciences. Deux pièces. Très belles épreuves, marges.

1509. — **Saint-Aubin** (Aug. de). — *Pandore*, vignette frontispice d'après Cochin. Épreuve du premier état à l'eauforte pure.

1510. — Frontispice de la vengeance de Thalie, critique sur la pièce de Palissot. Belle épreuve, marge.

1511. — Vignette-frontispice, d'après G. de Saint-Aubin pour le Jardinier et son seigneur, opéra comique de Sedaine. Très belle épreuve.

1512. — Fleuron du titre des pierres gravées du cabinet du duc d'Orléans. Rare épreuve à l'eau-forte.

1513. — Fleurons pour le voyage de Saint-Non. Cinq pièces avant la lettre. Deux sont à l'eau-forte.

1514. — Fleurons et pierres gravées du cabinet du duc d'Orléans. Dix-huit pièces. Épreuves tirées hors texte.

1515. — **Saint-Aubin** (G. de). — Vignette pour un ouvrage sur la conquête de l'Amérique (P. de B. 39). Très belle épreuve. Rare.

1516. — **Saint-Aubin** (d'après G. de). — Narcisse dans l'isle de Vénus, par Massard. Très belle épreuve avant la lettre, marge.

1517. — **De Sève.** — Pomona Gallica, frontispice in-4, gravé par N. de Launay. Très belle épreuve.

1518. **Horace Vernet.** — Suite de douze vignettes
in-8 pour Don Quichotte. Paris, Méquignon-Marvis, 1822.
Suite double avant la lettre et eaux-fortes. Très belles
épreuves.

1519. — **Vernet et Lami.** — Suite de douze figures in-8,
pour les œuvres de Cervantes. Paris, Méquignon-Marvis,
1822. Très belles épreuves. Onze sont avant la lettre.

1520. **Westall.** — Six figures in-8 pour Don Quichotte.
Épreuves avant la lettre sur chine.

1521. **Un Album** in-fol. contenant 147 vignettes,
titres, adresses, cartes de visites, frontispice et en-tête de
pages dont : Le Fils puni et la Malédiction paternelle,
gravées par Moreau, d'après Greuze, — 10 vignettes in-8
d'après Moreau pour le Molière, de Bret, — Titre des
Romances de Berquin, d'après Marillier, — Vignette à
l'eau-forte d'après Queverdo, pour Florian, — Vignettes
d'après Eisen pour la Déclamation théâtrale, — Titres
d'apres Marillier pour l'Art d'aimer, — Les Idyles de
Saint-Cyr, — Le Parnasse des Dames, — Frontispice de
l'Histoire universelle, d'après Cochin, — En-tête de
pages d'après Cochin pour des oraisons funèbres et livres
sur les sciences, — Fleurons avant la lettre d'après Eisen,
— Vignettes d'après Monsiau pour les œuvres de
Rousseau, — En-tête d'après Cochin pour la bienfaisance,
comédie, — Vignettes avant la lettre d'après Leprince
et Casanova pour les Saisons, — Vignettes pour La Fontaine, édition des fermiers généraux. — Fleurons par
Choffard, — Vignettes avant la lettre, d'après Moreau
pour les œuvres de Rousseau, — Vignettes pour almanachs, etc., etc.

1522. Deux recueils de vignettes du xviii° siècle pour les
Contes de La Fontaine, dessus de tabatières, etc., envi
ron cinq cents pièces, beaucoup sont avant la lettre.

ORNEMENTS ET LIVRES

1523 — **Albertolli.** — Meubles, arabesques, etc. Neuf pièces, en partie avant la lettre.

1524 — **Alboize et Charles Elie.** — Fastes des gardes nationales de France, histoire des milices citoyennes depuis leur origine jusqu'à nos jours. Paris, Goubaud, 1850. 2 vol. grand in-8. Brochés.

1525 — **Albrecht (J. Ch.).** — Lettres ornées. Quinze pièces.

1526 — **Almanachs.** — Les spectacles de Paris où suite du calendrier historique et chronologique des théâtres, 1758. Paris, chez Duchesne. 1 vol. in-18, veau.

1527 — Étrennes des jolies femmes ou almanach de la Beauté, 1782. 1 vol. in-18, mar. rouge, fig. coloriées.

1528 — **Amand-Durand.** — Eaux-fortes et gravures des maîtres anciens tirées des collections les plus célèbres et publiées avec le concours de Edouard Lièvre, notes par Georges Duplessis. Six livraisons de dix planches chacune.

1529 — **Amiat.** — Art militaire chinois ou recueils d'anciens traités sur la guerre composés avant l'ère chrétienne par différents généraux chinois. Paris, chez Didot l'aîné 1772. 1 vol. in-4, veau marbré. Fig.

1530 — **Anonymes.** — Encadrements et modèles de cartes. Huit pièces.

1531 — **Bacler d'Albe.** — Souvenirs de ses voyages. Cent pièces en un vol. in-fol., oblong. Demi-rel. mar. r.

1532 — **Baptiste.** — Livre de toutes sortes de fleurs d'après nature. Quinze pièces.

1533 — **Baptiste, Roubillac et autres.** — Bouquets de fleurs et devises pour les tapisseries du roi, par S. Le Clerc. Soixante-neuf pièces.

1534 — **Bartolozzi.** — Eighty-two prints engraved by F. Bartolozzi etc. from the original dravings of Guercino in the collection of his Majesty. London : published by John and Josiah Boydell, Cheapside ; and at the Shakspeare Gallery. Pall-Mall, 2 vol. in-fol., demi-rel. mar. r. fig. imprimées en bistre. Les estampes du 2e vol., au nombre de 73, sont gravées d'après Michel-Ange, Dominiquin, les Carraches, etc.

1535 — **Basnage** (J.). — Histoire du Vieux et du Nouveau Testament, représentée en taille-douce par Rom. de Hooghe. Amsterdam, J. Lindenberg. Sans date. Un vol. in-fol. demi-rel. veau.

1536 — **Beauvais et Saly.** — Vases. Dix-huit pièces.

1537 — **Beguillet.** — Description historique de Paris et de ses plus beaux monuments gravés en taille-douce par Martinet, pour servir d'introduction à l'histoire de Paris et de la France par M. Beguillet 2 vol. in-4, veau marbré, fig.

1538 — **Bellay.** — Différentes pensées d'ornements. Arabesques à divers usages, gravées par Huquier. Suite de dix pièces. Superbes épreuves, marges.

1539 — **Berain** (J.). — Arabesques, grilles, flambeaux et meubles. Douze pièces. Superbes épreuves, toutes marges.

1540 — Ornements divers. Vingt pièces.

1541 — Dessins d'arquebuserie. Dix pièces.

1542 — **Blondel** (J. F.). — Maisons royales, palais et hôtels, plans, coupes et élévations tirées de l'Architecture française de J. F. Blondel. Quatre-vingt-quatre pièces. Très belles épreuves.

1543 — **Bonneville.** — Portraits des personnages célèbres de la Révolution, par François Bonneville, avec tableau historique et notice de P. Quenard, l'un des représentants de la commune de Paris, en 1789 et 1790. A Paris, chez l'auteur, 1796, 3 vol. in-4, demi-rel. veau.

1544 *Lar.* **Boria.** — Empressas morales compuestas por el excellentissime señor Don Juan de Borja. Bruxelles, 1680. 1 vol. in-8, fig.

1545 *Lar* **Bosse** (A.). — La Pucelle ou la France délivrée. Suite de treize pièces en un vol. in-4, cart.

1546 *Lar* Traité des manières de dessiner les ordres de l'architecture antique en toutes les parties....., par A. Bosse. Paris, Claude Jombert, sans date. 1 vol. in-fol. veau marbré, fig.

1547 *Lar.* Traité des manières de graver en taille-douce sur l'airain par le moyen des eaux-fortes et des vernis durs et mols, par A. Bosse. Paris, 1645. 1 vol. in-8, veau.

1548 — **Bouchardon.** — Vases gravés par Huquier. Dix pièces. Épreuves avec marges.

1549 *Lar.* **Boucher.** — Le salon de M. le comte de la Béraudière. Tapisseries d'après François Boucher. Paris, Fabré, s. date. 1 vol. in-fol. en portefeuille, fig. en couleurs.

1550 — **Boucher fils.** — Vases et arabesques. Dix-neuf pièces.

1551 — Buffets, cahier F, en quatre feuilles, complet. Très belles épreuves, toutes marges.

1552 — Meubles et ornements. Cahiers 25, 29, 32, 33, 35, 46, 47, 48, 49 et 50 de l'œuvre. Dix cahiers de six feuilles chacun. Très belles épreuves, toutes marges.

1553 — Les cahiers 24, 35, 46, 47, 48, 49 et 50 de la même œuvre. Trente-neuf pièces. Superbes épreuves, toutes marges.

1554 — **Bouzonnet** (F.). — Rosaces et ornements divers. Seize pièces.

1555 — **Brenna.** — Arabesques. Quinze pièces.

1556 — **Brinclaire** (Mlle). — Guichets des croisées de Clagny et des Thuileries. Trois pièces gravées à la sanguine d'après R. L. Très belles épreuves, marges.

1557 — **Caillouet**. — Bordures et chapiteaux de colonnes. Quatre pièces gravées à la sanguine par Lucien. Belles épreuves.

1558 — **Callot** (J.). — Œuvres de Jacques Callot et de La Bella. Deux cent soixante-seize pièces en 1 vol. in fol. cartonné.

1559 — **Le Canu**. — Plans et élévations d'alcôves à l'usage des sculpteurs, menuisiers, etc. Quatre pièces. Très belles épreuves, marges.

1560 — **Caravage** (Polydore de). — Vases. Onze pièces.

1561 — **Caravage**. — Schediasmata Selecta ex archetypis Polidori Caravagiensis fideliter imitata auctore C. M. Metz, 1791. 1 vol. in-fol. oblong, demi-rel. veau.

1562 — **Carlevariis** (L.). — Le fabriche e vedute di Venetia disegnate, Poste in prospettivo, et intagliate da Luca Carlevariis. In Venezia, 1768. 1 vol. in fol. oblong, demi-rel veau.

1563 — **Carrache**. — L'Œuvre des Carrache gravé à l'eau-forte et au burin, par eux-mêmes et autres maîtres de l'école Italienne. Deux cent quarante-six pièces en 2 vol. in-fol. vélin.

1564 — **Cérémonies** et fêtes du sacre et couronnement de leurs Majestés impériales et son auguste épouse. Paris, Bance, 1806. 1 vol. in-fol. demi-rel. veau.

1565 — **Chalon**. — Twenty four subjects exhibiting the costume of Paris, the incidents taken from nature, designed and drawn on stone by J. J. Chalon. London, 1822. 1 vol. in-fol. demi-rel. mar. r., figures en couleur.

1566 — **Chapron**. — Les Loges de Raphaël et les angles du palais Ghighi, gravées par Perrier. 1 vol. in-fol. veau. Les loges sont du premier état, avant l'adresse de Mariette.

1567 — **Chauveau**. — La Vie de saint Bruno, d'après Le Sueur, — Jésus-Christ, la Vierge, les Apôtres et différents saints et saintes. Cinquante et une pièces en 1 vol. in-fol. veau.

1563 bis. **Coquereau.** Souvenirs du voyage à Saint-Hélène, par M. l'abbé F. Coquereau. Paris, Delloye, 1841. 1 vol. in-8, veau.

1569 — **Cornely** (Andréa). — Dessins de carosses et allégories religieuses et autres. Quinze pièces. Très belles épreuves. Rares.

1570 bis. **Les Costumes** français représentants les différents Etats du royaume avec les habillements propres à chaque Etat, et accompagnés de réflexions critiques et morales. A Paris, chez Le Père et Avaulez, 1776. 1 vol. in-fol. Dix planches et le titre.

1571 — **Costume** Parisien. Deux cent dix-sept pièces en 1 vol. in-8, cart.

1572 — **Costumes** des feyerlichen schutzen auszuges gehaltenin. Regemburg, 1830. Vingt-neuf pièces coloriées, en feuilles.

1573 bis. — **Cotelle, Dolivar, Lepautre et Zuccaro.** — Alcoves, plafonds, arabesques, cheminées, autels et tabernacles. Trente et une pièces. Très belles épreuves.

1574 bis. — **Cottar et Marot.** — Portes et arcs de triomphes. Dix-neuf pièces.

1575 — **Crossmann.** — Meubles et ornements divers. Dix-neuf pièces.

1576 bis. **Darlet** (A.). — La guerre et la commune 1870-1871. Dessins par les principaux artistes, texte par A. Darlet. Paris, Michel Lévy, 1872. 1 vol. in-fol. cart., fig. s. bois.

1577 — **De la Fosse.** — Chaises et fauteuils, cahier A. Quatre pièces. Très belles épreuves.

1578 — Écrans. Cahier E de l'œuvre. Quatre pièces. Très belles épreuves.

1579 — Veilleuse à la turque, veilleuse en forme d'Ottomane. Cahier F de l'œuvre. Quatre pièces. Très belles épreuves.

1580 — Lits à la polonaise, à la chinoise, à la turque et à la française. Cahier G. Quatre pièces. Très belles épreuves.

1581 — **De la Fosse.** — Lits, canapé et sopha. Cahier H. Quatre pièces. Très belles épreuves.

1582 — Baignoire et canapés. Cahier R. Quatre feuilles. Très belles épreuves.

1583 — Feuilles détachées des cahiers D. K. Y. et C.C. Six pièces.

1584 — Premier, Deuxième, Troisième, Quatrième, Cinquième et sixième livres de trophées. A Paris, chez Daumont. Trois pièces. Superbes épreuves, toutes marges.

1585 — Trophées d'attributs divers. Neuf pièces. Épreuves avec grandes marges.

1586 — Trophées d'attributs divers et sujets tirées de l'Iconologie. Dix-neuf pièces.

1587 — Poëles, Gaînes, Appliques, Flambeaux, etc., tirés de la deuxième partie de l'Œuvre de La Fosse. Cinquante-cinq pièces.

1588 — **De la Joue.** — Cartouches gravées par Cochin et Huquier. Onze pièces, superbes épreuves, toutes marges.

1589 — L'Architecture, — La Botanique, — L'Astronomie, deux compositions différentes. Quatre pièces gravées par C. N. Cochin. Belles épreuves.

1589 bis — **Delaune** (Etienne). — Sujets emblématiques à la gloire de Henri II. Huit pièces.

1590 — **Demarteau.** — Fleurs et figures d'après divers artistes. Vingt-trois pièces.

1591 — **Demidoff.** Voyage dans la Russie méridionale et la Crimée, par la Hongrie, la Valachie et la Moldavie, exécuté en 1837. Cent planches lithographiées par Raffet. En 1 vol. in-fol. demi-rel. Épreuves sur chine.

1592 — **Demartain** — Les Plans, profils et élévations des villes et châteaux de Versailles avec les bosquets et fontaines tels qu'ils sont à présent, levez sur les lieux, dessinez et gravez en 1714 et 1715. A Paris, chez Demartain. 1 vol. in-fol. vélin. Outre l'ouvrage indiqué, le volume

renferme cent six vues de Paris, Fontainebleau et Chan-
tilly, par Perelle, Marot et autres.

1593 — **Deneufforge.** — Ornements divers, Vases,
Plafonds, etc. Soixante-deux pièces.

1594 — Modèles de jardins et plans divers. Soixante et une
pièces en 1 vol. in-fol. cart.

1595 — **Description** des Arts et Métiers, faite ou approuvée
par MM. de l'Académie des sciences, 1761-89. Dix-sept
vol. et quarante-cinq cahiers in-fol., brochés ou reliés
en veau.

1596 — **Description** des expériences de la machine
aérostatique de MM. de Montgolfier et de celles aux-
quelles cette découverte à donné lieu. Paris, 1783. 1 vol.
in-8, veau.

1597 — **Description** des fêtes données par la ville de
Paris à l'occasion du mariage de Mme Louise Élisabeth de
France et de Dom Philippe, infant et grand amiral
d'Espagne, les vingt-neuvième et trentième août mil sept
cent trente-neuf. Paris, 1740. 1 vol. in-fol. mar. rouge.

1598 — Le même livre. 1 vol. in-fol. mar. rouge. Aux armes
de la ville.

1599 — **Desnoyers.** — Recueil d'estampes gravées d'après
des peintures antiques italiennes par Auguste Boucher
Desnoyers, ou exécutées sous sa direction. A Paris, de
l'imprimerie de Firmin-Didot, 1821. 1 vol. in-fol. cart.

1600 — **Dieterlin.** — Ornements et architecture. Soixante
et une pièces. Très belles épreuves avec marges.

1601 — **Divers** ornements, par Boucher et Polydore de
Caravage, A. Charpentier. Treize pièces.

1602 — Vases, armoiries et sujets divers, ex-libris, etc. Cinquante-sept pièces.

1603 — Ornements, meubles, fleurons, cartouches, etc.
Soixante-quinze pièces.

1604 — **Divers** meubles, arabesques, trophées, cartouches et ornements divers, par Delafosse, Prieur, Dieterlin, Berain, Ranson, Huquier, etc. Soixante-cinq pièces.

1605 — Trophées, grilles, etc. Douze pièces. Par Cauvet, Caillouet, Fordrin, etc.

1606 — Vases par Prieur, E. Vico, Jacque, Petitot, Vien, Bouchardon, Saly, etc. Trente-six pièces.

1607 — Estampes par Martin de Vos, Stradan, Wierix, Kilian, Hemskerck, Goltzius, etc. Quatre-vingt-huit pièces.

1608 — **Ducerceau** (J. A.). — Les grandes arabesques. Quinze pièces.

1609 — **Armand-Dumaresq.** — Uniformes de l'armée française en 1861, dessinés sous la direction du général de division Hecquet, d'après les ordres de M. le maréchal ministre de la guerre (troupes de ligne). Paris, 1861. 1 vol. grand in-fol. contenant cinquante-quatre planches.

1610 — **Dumont** (J.). — Trophées gravées par Blondel et Huquier. Sept pièces.

1611 — **Dupin.** — Monuments des victoires et conquêtes des Français, recueil de tous les objets d'arts consacrés à célébrer les victoires des Français de 1792 à 1815. Paris, Panckoucke, 1822. 1 vol. in-fol. oblong, demi-rel. mar. rouge, fig.

1612 — **Duplessis.** — Première suite de vases. Six pièces. Superbes épreuves, toutes marges.

1613 — **Durand-Brager.** — Translation du cercueil de l'empereur Napoléon à bord de la frégate la Belle-Poule. Histoire et vues pittoresques de l'île, se rattachant au mémorial de Sainte-Hélène et à l'expédition de S. A. R. Mgr le prince de Joinville. Paris, Gide, 1844. 1 vol. in-fol. demi-rel. veau.

1614 — **L'Entrée** triomphante de leurs Majestez Louis XIV, roy de France et de Navarre, et Marie-Thérèse d'Austriche, son épouse, dans la ville de Paris, capitale de leurs royaumes, au retour de la signature de la paix générale et de

leur heureux mariage... Imprimé l'an 1662. A Paris,
Pierre Le Petit, Th. Joly et Louis Bilain. 1 vol. in-fol.
veau mar., fig.

1615 — **Ferelst et Burgmair.** — Les saisons et gravures
sur bois tirées du W*eis Kunig*. Seize pièces.

1616 — **Ferriol.** — Recueil de cent estampes représentant
différentes nations du Levant, gravées sur les tableaux
peints d'après nature en 1707 et 1708 par les ordres de
M. de Ferriol. A Paris, chez Basan, 1714. 1 vol. in-fol.
cartonné.

1617 — **Feste** celebrate in Parma per la nozze del real
infante duca Ferdinando di Borbone con S. A. R. l'archi-
duchessa d'Austria Maria Amalia l'anno 1769. 1 vol. in-fol.
cartonné, fig.

1618 — **Fontanieu et Duplessis.** — Vases. Douze
pièces.

1619 — **Forty.** — Cahier de six bras de cheminées, inventées et dessinées par Forty et gravés par Colinet (Cahier E.).
Superbes épreuves, toutes marges.

1620 — Projet de deux toilettes représentant toutes les pièces
qui en dépendent. etc. Trois pièces de deux différents
cahiers. Très belles épreuves.

1621 — Orfèvrerie à l'usage des églises : cartel, chenets, flambeaux, etc. Onze pièces.

1622 — Œuvres d'orfèvrerie inventées et gravées par J. F.
Forty. Livre III. Suite de douze pièces. Très belles
épreuves.

1623 — **Forty et Salembier.** — Vases, girandoles, chandeliers, frises, etc. Dix-neuf pièces.

1624 — **Fragonard** (A.). — Recueil de gravures au trait.
1 vol. in-fol. cartonné.

1625 — **Francard.** — Portes cochères de menuiserie nou-
vellement gravées sur les dessins de M. Francard. Six
pièces. Très belles épreuves.

1626 *Lar.* **Gaubaud.** — An Analysis of the picture of the transfiguration of Raffaello Sanzio d'Urbino ... London, 1817. 1 vol. in-fol. cartonné.

1627 — **Géricault.** — Etudes de chevaux. Douze pièces et un titre en 1 vol. in-fol. cart.

1628 — **Gérard-Fontalard.** — Histoire d'une épingle par elle-même. Seize pièces en 1 vol. in-4, cartonné.

1629 *Lar.* **Gessner.** — Œuvres. Paris, Dufart S. D. 2 vol. in-8, veau, fig. d'après Monnet.

1630 — **Gillot** (Cl.).— Nouveau livre de principes d'ornement, particulièrement pour trouver un nombre infini de formes qui en dépendent. Douze pièces.

1631 — **Gosmond.** — Les campagnes de Louis XV, le Bien-Aimé, représentées par des figures allégoriques avec une explication historique. 1 vol. grand in-4, mar. ro. avec armoiries sur les plats.

1632 — **Guilini.** — Le Arti di Bologna designate da Annibale Carracci ed intagliate da Simone Guilini... Roma, 1776. 1 vol. in-fol. cart., figures gravées à l'eau-forte.

1633 *Lar.* **D'Haudricourt.** — Fastes de la nation française. 2 vol. grand in-4, demi-rel. mar. rouge.

1634 — **Hauer.** — Meubles et décorations intérieures. Trente et une pièces.

1635 *Lar.* **Hay.** — Recueil des chartes, création et confirmations des colonels, capitaines, majors, officiers... de la ville de Paris... Paris, 1770. 1 vol. in-fol. mar. r. avec dentelles et armoiries sur les plats.

1636 — **Heince et Bignon.** — Frises. Sept pièces.

1637 — **Hertel.** — Ornementation et ameublement. Soixante et onze pièces.

1638 *Lar.* **Heures** présentées à Madame la dauphine par Théodore de Hansy, libraire à Paris. 1 vol. in-8, mar. r. (Pasdeloup).

Ouvrage de 260 pages entièrement gravé, non décrit
par Brunet. Ce volume faisait partie de la bibliothèque
de Mme de Chabaux. La dauphine à laquelle est offert cet
ouvrage était Marie-Thérèse d'Espagne, première femme
de Louis, dauphin, fils de Louis XIV, mariée en 1745,
morte en 1746.

1639 — **Huet** (C.). — Trophées de chasse. Six pièces gravées par Guelard. Belles épreuves.

1640 — **Huet** (J. B.). — Arabesques, études d'animaux, —
la basse-cour, — vue d'une fontaine antique, — le jeu de
quille, — le jeu de la balançoire, — le coq secouru, etc.,
etc. Trente-sept pièces.

1641 — **Hugo**. — Les Misérables. Vingt-cinq photographies
en 1 vol. in-fol. cart.

1642 — **Hurtu**. — Ornements gravés en silhouette sur fond
noir, à plusieurs sujets sur une même feuille. Sept pièces.
Très belles épreuves. Rares.

1643 — **Jacques**. — Vases nouveaux composés par M. Jacque peintre et dessinateur en la manufacture royale des
Gobelins. Six pièces. Superbes épreuves. Grandes marges.

1644 — **Janet-Lange**. — Galerie royale et aristocratique,
1200 à 1800, dessinée et lithographiée par Janet-Lange.
1 vol. in-fol. fig. en couleurs.

1645 — **Johannot**. — Vignettes in-8 pour les Œuvres de
Cooper. Vingt pièces en 1 vol. in-4 cart.

1646 — **Jost-Aman**. — Emblemata Sambuci, 1564. 1 vol.
in-8, fig. sur bois. Le titre est refait à la plume.

1647 — **Journaux**. — L'Art pour tous, encyclopédie de
l'art industriel et décoratif. Neuf vol. in-fol. cartonnés.

1648 — **De la Bédollière**. — Beautés de victoires et conquêtes des Français, fastes militaires de la France depuis
1792 jusqu'en 1815. Paris, Georges, 1839. 2 vol. in-8,
veau.

1649 — **La Fontaine**. — Contes et nouvelles en vers par
M. de La Fontaine, 1777. 2 vol. in-8, veau, fig. d'après
Eisen.

1650 — **Lalonde.** — Cartels, chenets, bordures de glaces. Sept pièces des cahiers Q et M.

1651 — Cahier de modillons et de rosaces. Six pièces. (Cahier P.)

1652 — Tables. Cahier E , deuxième partie. Cinq pièces.

1653 — Vingt-trois pièces de différents cahiers.

1654 — Cahiers de bordures et de corniches d'appartement, avec le retour au plafond et leurs profils. Six pièces.

1655 — Cahier de bordures à l'usage de la sculpture, avec leurs profils, premier cahier de l'œuvre. Six pièces.

1656 — Cahier de bordures et de cadres de différentes formes. Deuxième cahier de l'œuvre. Six pièces.

1657 — Six pièces en doubles du cahier précédent.

1658 — **Lanfranco.** — Disegno della Loggia di san Pietro in Vaticano dove si da la Benedezione. Opera che Devea dipingersi dal Vav^{re} Giovanni Lanfranco. 1 vol. in-fol. veau. Fig. gravées à l'eau-forte.

1659 — **Lasinio.** — Pitture à fresco delle chiese de Firenze. Vingt-sept planches en 1 vol. grand in-fol., demi-rel. veau.

1660 — Pitture à fresco del campo santo di Pisa intagliate da Carlo Lasinio, conservatore del Medesimo. Firenze, 1812. 1 vol. in-fol., demi-rel. mar. vert.

1661 — **Laurent de l'Ardèche.** — Histoire de l'empereur Napoléon, par P.-M. Laurent de l'Ardèche, illustrée par Horace Vernet. Paris, Dubochet, 1839. 1 vol. in-8, cart.

1662 — **Le Brun.** — Grand escalier du château de Versailles, dit escalier des Ambassadeurs, ordonné et peint par Charles Le Brun. A Paris, chez Louis Surugue, S. D. 1 vol. grand in-fol., cart.

1663 — Recueil d'estampes contenant les pièces du grand escalier de Versailles, — Les plans, coupes, profils et élévation de la chapelle, — Le plafond de la chapelle du château de Sceaux et différents sujets, d'après Mignard et autres. Trente-huit pièces en 1 vol. in-fol. demi-rel. mar. brun.

1664 — **Leclerc** (Sébastien). Ornements, titres de livres, etc. Huit pièces.

1665 — **Legrand et Landon**. — Description de Paris et de ses édifices. A Paris, chez Treuttel et Wurtz, 1808. 2 vol. in-8, cartonnés.

1666 — **Lepautre** (J.). — Œuvres d'architecture de Jean Le Pautre, dessinateur des batiments du Roy. 3 vol. petit in-fol., veau, contenant sept cent trente-quatre planches en épreuves de premier tirage, avec l'adresse de Mariette. Très bel exemplaire. Rare.

1667 — **Lepautre** (P.). — Lambris de galeries, chambres et cabinets. Quatre pièces.

1668 — **Le Roux** (J.-B.). — Nouveaux lambris de galeries. Chambres et cabinets. Sept pièces. Très belles épreuves.

1669 — **Lespinasse**. — Vues et plans de France et Maisons royales d'Europe. Quarante pièces en 1 vol. in-fol., cart.

1670 — **Letarouilly**. — Édifices de Rome moderne ou recueil des Palais, maisons, églises, couvents et autres monuments publics et particuliers les plus remarquables de la ville de Rome, dessinés, mesurés et publiés par Paul Letarouilly. Paris, Bance, 1855-1857. 3 vol. in-fol., de planches, 1 vol. in-4, texte, demi-rel., mar. brun, dos et coins.

1671 — **Liesville**. — Histoire numismatique de la Révolution de 1848. Paris, Champion, 1878. Grand in-4, en livraisons.

1672 — **Lièvre** (Édouard). — Les collections célèbres d'art, dessinées et gravées d'après les originaux, par Édouard Lièvre. Paris, Goupil et Cie, 1866. 2 vol. in-fol., en portefeuille.

1673 — **Louis Lurine**. — Les rues de Paris, 1841. 1 vol. in-8, demi-rel., fig.

1674 — **Mansart, Cuvillier, Oppénor, etc**. — Meubles et décorations intérieures, publiées dans le Vignole, publié par Blondel. Quarante-six pièces.

1675 — **Mansfeld**. — Napoléon III, par Albert Mansfeld, traduit de l'allemand, ouvrage orné de trois gravures sur acier et de quarante-trois gravures sur bois. 2 vol. grand in-8, brochés.

1676 — **Marot** (D). — Nouvelles cheminées faites en plusieurs endroits de la Hollande. Cahier de six feuilles. Superbes épreuves, toutes marges.

1677 — **Marot** (Daniel). — Vases, arabesques, carrosses, etc. Treize pièces.

1678 — Nouveau livre de serrurerie, inventé et gravé par D. Marot. Six pièces.

1679 — Vases, cariatides, fontaines, lambris, etc. Dix-sept pièces.

1680 — **Martinet**. — Costumes Italiens. Trente pièces en 1 vol. in-8, cart.

1681 — **Mavelot**. — Nouveau livre de chiffres par Alphabet à simples traits où se trouvent tous les noms et surnoms, dédié à son A. R. Mademoiselle. Inventé et gravé par C. Mavelot. 1 vol. in-18, veau. (Simier.)

1682 — **Meissonier, Lepaultre et Salembier**. — Ornements divers. Trente-neuf pièces.

1683 — **Mémoires** historiques et authentiques sur la Bastille. Paris et Maestricht, 1789. 2 vol. in-8, cart.

1684 — **Mercier**. — L'Indigent, drame en quatre actes, en prose, par M. Mercier. A Paris, chez Lejay. 1772. 1 vol. grand in-8, cart.

1685 — **Mérimée**. — De la peinture à l'huile. Paris, Mme Huzard, 1830. 1 vol. in-8, demi-rel. bas.

1686 — **Meulmeester**. — Les loges de Raphaël. Vingt planches dessinées en aquarelle, gravées en taille-douce et publiées par J.-C. de Meulmeester, en livraisons.

1687 — **Monnier** (H.). — Album Henri Monnier. Vingt lithographies. Paris, Léopold Pannier, 1843. 1 vol. in-fol., fig. coloriées.

1688 — **Monogramme A. G.** — Arabesque sur fond noir. Très belle épreuve. Rare.

1689 — **Narcisse** dans l'isle de Vénus, poème en quatre chants. A Paris, chez Lejay. 1 vol. In-8, figures.

1690 — **Oppenort.** — Lampadaires, lustres, chandeliers, etc. Neuf pièces.

1691 — **Otho Vaenius.** — Emblemata Horationa. Antverpiae, 1687. 1 vol. in-4, veau, fig.

1692 — **Ottley.** — A series of plates engraved after the paintings and sculpture of the most eminent Masters of the early florentine school... by William Young Ottley. London, 1826. 1 vol. in-fol. cart., fig. gravées.

1693 — **Otten Husly.** — Détails d'architecture de l'édifice de la société des arts et des sciences sous la devise de Félix Meritis à Amsterdam, in-fol, texte et planches.

1694 — **Ovide.** — La Vita et metamorfosea d'Ovidia. A Lioni, per Giovanni di Tornes, 1584. 1 vol. in-8, mar. rouge, fig. sur bois.

1695 — **Ozanne.** — Marine militaire ou recueil des différents vaisseaux qui servent à la guerre. 1 vol. in-8.

1696 — **Parmesan.** — Celeberrimi Francisci Mazzola Parmensis Graphides per Ludovicum inig Bonouiae collectae editaeque anno 1788. 1 vol. in-fol., fac-simile des dessins du Parmesan.

1697 — **Pascal.** — Histoire de l'armée et de tous les régiments depuis les premiers temps de la monarchie française jusqu'à nos jours, par M. Adrien Pascal. Paris, A Barbier, 1848. 3 vol. in-8, cart.

1698 — **Percenet.** — Vases par Percenet, Delafosse, Riedel, Grand'homme, etc. Quarante et une planches en 1 vol. in-4 oblong, cart.

1699 — **Percier et Fontaine.** — Palais, Maisons et autres édifices modernes, dessinés à Rome; publiés à Paris, l'an 6 de la République française. A Paris, chez Ducamp. 1 vol. in-fol. cart.

1700 — Palais, Maisons et autres édifices modernes, dessinés à Rome, publiés à Paris en 1778. 1 vol. in-fol. cart. fig.

1701 — Description des cérémonies et des fêtes qui ont eu lieu pour le couronnement de leurs majestés Napoléon, empereur des Français et roi d'Italie, et Joséphine, son auguste épouse. Recueil de décorations exécutées dans l'église de Notre Dame de Paris, et au champ de Mars. A Paris, chez Leblanc, 1807. 1 vol. in-fol. demi-rel. veau.

1702 — Description des cérémonies et des fêtes qui ont eu lieu pour le mariage de S. M. l'empereur Napoléon avec S. A. I. Mme l'archiduchesse Marie-Louise d'Autriche. A Paris, de l'imprimerie de P. Didot, 1810. 1 vol. in-fol. demi-rel. veau.

1703 — **Pineau**, — Nouveaux desseins de pieds de tables et de vases et consoles de sculpture en bois, inventés par le sieur Pineau sculpteur. Suite de six pièces. Superbes épreuves, toutes marges.

1704 — La même suite. Très belles épreuves.

1705 — Tables et consoles. Douze pièces.

1706 — Lambris avec portes, Buffets, etc. Huit pièces.

1707 — **Pitteri**. — Les douze apôtres, d'après Piazzetta, et le portrait du peintre. Treize pièces en 1 vol. in fol. cart.

1708 — **Pluvinel**. — L'Instruction du roy ou l'exercice de monter à cheval par Messire Anthoine de Pluvinel. Paris, 1629. 1 vol. in-fol. veau, fig.

1709 — **Poilly**. — Galerie du serenissime duc de Parme, peinte à Rome par Annibal Carrache dans le palais Farnèse. Vingt-cinq pièces.

1710 — **Puységur**. — Art de la guerre, par principes et par règles. Ouvrage de M. le maréchal de Puységur, mis au jour par M. le marquis de Puységur son fils, Paris. Chez Ant. Jombert, 1748. 1 vol. in-fol. veau marbré, fig.

1711 — **Rabaut**. — Almanach historique de la révolution française pour l'année 1792, rédigé par J. P. Rabaut. Ouvrage orné de gravures d'après les dessins de Moreau. A Paris, chez Onfroy. 1 vol. in-18, veau. Très rare exemplaire avec les figures avant la lettre.

1712 — **Raccolta** di Monumenti piu interessanti del R. Museo Borbonia, Napoli, 1825. 1 vol. in-4 cart., figures au trait.

1713 — **Ranson** — Dixième cayé de fleurs et vases, gravé par Voysard. Six pièces. Très belles épreuves.

1714 — Onzième cahier de groupes de fleurs et d'ornements. Cahier B, gravé par Berthault, — Cinquième cahier de groupes de fleurs et d'ornements pour la décoration. Cahier D, gravé par Berthault. Douze pièces. Très belles épreuves, marges.

1715 — Trophées, Cartouches, Bouquets de fleurs, etc. Vingt-quatre pièces.

1716 — Trophées, Fleurs, Cartouches et Ornements divers. Trente-cinq pièces.

1717 — **Restout.** — Galerie française, ou portraits des hommes et des femmes célèbres qui ont paru en France. A Paris, chez Herissart, 1771. 1 vol. in-fol. mar. bleu, tr. dorées.

1718 — **Recueil** d'estampes par et d'après Callot. Quarante-quatre pièces en 1 vol., grand in-8 cart.

1719 — **Recueil** de vignettes en-tête de pages pour les fables de La Fontaine. Quarante pièces en 1 vol. in-4, cart.

1720 — **Recueil** de différents croquis et types militaires, par divers artistes. Trois cent trente pièces en 1 vol. in-fol. demi-rel. mar. vert.

1721 — **Recueil** de quatre-vingts pièces vues d'Orient, par divers artistes anglais. 1 vol. in-4 cart.

1722 — **Recueil** de pièces diverses relatives à l'escrime. 1 vol. in-4 cart.

1723. — **Recueil** de lithographies intérieures d'églises. Dix-
neuf pièces en 1 vol. in-4 cart.

1724. — **Recueil** de cent cinquante-trois pièces lithographiées par et d'après les plus grands artistes modernes,
publiées par le journal l'*Artiste*, en 1 album in-fol. cart.

1725. — **Rembrandt.** — Recueil de quatre-vingt-cinq estampes originales, têtes, paysages et différents sujets,
dessinées et gravées par Rembrandt, et trente-cinq autres estampes, la plupart gravées d'après différentes
pièces de ce célèbre artiste. A Paris, chez H.-L. Basan.
1 vol. in-fol. cart.

1726. — **Rigaud** (J.). — Recueil de cent vingt et une des
plus belles vues de palais, châteaux et maisons royales
de Paris et de ses environs, dessinées d'après nature en
1780, et gravées par J. Rigaud. A Paris, chez Treuttel
et Würtz. 1 vol. in-fol. demi-rel. mar. rouge.

1727 — **Roquefort.** — Vues pittoresques et perspectives
des salles du musée des monuments français et des principaux ouvrages d'architecture.... gravées par Mrs Ré-
ville et Lavallée, avec un texte par B. de Roquefort.
Paris, Didot l'aîné, 1816. 1 vol. grand in-fol. demi-rel.
veau.

1728. — **Rossi** (J.). — Disegni di Vari Altari E. Cappelle
nelle chiese de Roma con le Loro facciate fianchi piante
e misure de piu celebri architetti, date in luce da Gio
Giacomo de Rossi nella sua stamparia in Roma alla Pace.
1 vol. in-fol. sans date, veau marbré, avec armoiries sur
les plats.

1729 — **Roux.** — Charpente de la cathédrale de Messine,
dessinée par M. Morcy, architecte. Paris, Firmin Didot,
1842, in-fol., planches en couleur.

1730 — Les Ruines de Pompeï, d'après l'ouvrage publié à
Londres en 1819, dédiées à son Altesse Royale Madame,
Duchesse de Berry. Paris, Didot, 1828. 1 vol. in-4 demi-
rel. mar. vert, dos et coins.

1731 — **Sacre** et couronnement de Louis XVI, roi de France et de Navarre, à Rheims, le 11 juin 1775..., enrichi d'un très grand nombre de figures en taille douce gravées par le sieur Patas, avec leurs explications. Paris, 1775. 1 vol. in-8 veau.

1732 — **Sardou.** — Costumes du Directoire tirés des Merveilleuses. Paris, Rouquette, 1875. In-8 en portefeuille.

1733 — **Scamozzi.** — L'Idea della architettura universale di Vincenzo Scamozzi Architetto vento. Venitiis, anno 1515. 1 vol. in-fol. vélin. Fig.

1734 — **Schynvoet.** — Vases, Pyramides et ornements divers. Soixante-dix-huit pièces en 1 vol. in-fol. cart.

1735 — **Sergent, Morret.** — Portraits et sujets relatifs à l'histoire de France. Quatre-vingt-onze pièces en couleur, en 1 vol. in-4 cart.

1736 — **Sicard.** — Atlas de l'histoire des institutions militaires des Français, par F. Sicard. Paris, 1831. 1 vol. in-8 cart.

1737 — **Soyer.** — Colonnes et chapiteaux. Quatre pièces gravées par Petit.

1738 — **Sport national hongrois.** — Hazai Vadaszokok es sport Magyarorszagon. Treize planches et douze sujets en tête de pages, avec texte en hongrois, en 1 vol. in-fol., fig. en couleurs.

1739 — **Stella.** — Divers ornements d'architecture recueillis et dessignés après l'antique, par Mr Stella. Trente-quatre pièces. Superbes épreuves, toutes marges.

1740 — Livre de vases. Vingt et une pièces. Épreuves avec marges.

1741 — Sujets de la Bible. Deux cent quatorze pièces en 1 vol. grand in-4.

1742 — La Passion de Jésus-Christ. Trente-quatre pièces en 1 vol. in-4 oblong.

1743 — Taylor. — Voyages pittoresques et romantiques dans l'ancienne France, par MM. Ch. Nodier, J. Taylor et Alph. de Cailleux. Paris, de l'imprimerie de J. Didot l'aîné.

Champagne. Livraisons 1 à 77.
Dauphiné.   —   1 à 43, manquent 10, 14, 33 et 34.
Bretagne.   —   1 à 91, manque 89.
Franche-Comté, incomplet des planches de Bonington.

1744 — Testelin (L.). — Frises d'amours et triomphes. Trente-quatre pièces.

1745 — Thibault. — Croquis de dessins de J.-C. Thibault, membre de l'Institut et professeur à l'École des Beaux-Arts. Deux cent quatre-vingts dessins en 1 vol. in-fol. cart.

1746 — Thulden. — Les Travaux d'Ulisse, dediez à Monseigneur de Liancourt, par Theodor Van Thulden. 1 vol. in-fol. oblong cart.

1747 — Toro (J.-B.). — Cartouches. Quatre pièces gravées par H. Blanc. Très belles épreuves, toutes marges.

1748 — Vases, cartouches et trophées. Six pièces.

1749 — **Tour** of Paris. London, William Sams, 1824. 20 planches en couleurs.

1750 — Turgot. — Plan de Paris en Vingt planches et un plan d'ensemble, en 1 vol. in-fol. veau avec armoiries.

1751 — Vanni (J.-B.). — Le Plafond du dôme de l'église cathédrale de Parme. Vingt-sept pièces d'après le Corrège, en 1 vol. in-fol. cart.

1752 — Van Vianen. — Emblèmes d'amour en quatre langues. 1 vol. in-8 velin. Fig.

1753 — Vauquer et Toro. — Fleurs et écussons. Vingt-cinq pièces.

1754 — Versailles. — Armoiries de la salle des Croisades. Paris, Ch. Gavard. 1 vol. grand in-4 cartonné.

1755 — **Vinsac**. — Girandoles et saucières. Huit pièces. Rares.

1756 — **Vues** de Provins, dessinées et lithographiées en 1822, par plusieurs artistes, avec un texte par M. D. Paris, Gide, 1822. 1 vol. in-fol. cart.

1757 — **Watteau** (Ant.). — Trophées gravés par Huquier. Neuf pièces.

1758 — **Yung**. — Album de vingt batailles de la Révolution et de l'Empire, d'après les Aquarelles de M. Yung. Paris, Henri Plon. 1 vol. in-fol. cart.

Paris. — Imprimerie Billet et Dumoulin, 5, rue des Grands-Augustins.